ANNALES DU MUSÉE GUIMET

Bibliothèque de vulgarisation

LES HÉTÉENS

HISTOIRE D'UN EMPIRE OUBLIÉ

Rouen. — Imp. E. Cagniard, rue Jeanne-d'Arc, 88.

ANNALES DU MUSÉE GUIMET

BIBLIOTHÈQUE DE VULGARISATION

LES HÉTÉENS

Histoire d'un Empire oublié

Par A. H. SAYCE

Traduit de l'Anglais avec autorisation de l'Auteur

PRÉFACE ET APPENDICES
Par M. Joachim MENANT
Membre de l'Institut

ERNEST LEROUX
ÉDITEUR
28, RUE BONAPARTE, 28

LES
HÉTÉENS

HISTOIRE D'UN EMPIRE OUBLIÉ

PAR

A. H. SAYCE LL. D.

Professeur de philologie à Oxford.

TRADUIT DE L'ANGLAIS

Avec autorisation de l'auteur

PRÉFACE ET APPENDICES

PAR M. J. MENANT

Membre de l'Institut

PARIS
ERNEST LEROUX, ÉDITEUR
28, RUE BONAPARTE, 28

—

1891

A L'AUTEUR

A te principium.

Lorsque je me suis livré à l'étude des inscriptions hétéennes, j'ai été frappé de la difficulté de faire accepter, même par le public savant, les premiers résultats d'une investigation patiente, aride, mais indispensable.

Les découvertes archéologiques frappent les yeux et s'imposent, sans exiger un examen sérieux; on ne songe pas à les contester. Il n'en est pas ainsi des découvertes philologiques : il faut non seulement s'adresser aux yeux, mais encore initier le savant, à l'aide d'une démonstration minutieuse, aux procédés qu'on a employés; et souvent les résultats ne paraissent pas en rapport avec les efforts faits pour les obtenir. En effet, il n'est pas toujours loisible de se distraire de ses propres travaux, étrangers à ceux dont le chercheur nouveau s'inquiète. On trouve plus facile de rester dans le doute et d'attendre la consécration du temps, qui apportera sa sanction à l'œuvre de ceux que n'auront découragés ni l'indifférence des uns, ni les critiques des autres.

Les mêmes difficultés s'étaient imposées au début de mes études sur les inscriptions assyriennes. Je me rappelais les critiques amères dont Grotefend avait été l'objet, le parallèle humiliant qu'on avait infligé à ses découvertes, en les comparant à des élucubrations fantaisistes sans valeur; enfin la satisfaction de ses détracteurs, lorsqu'on pouvait le prendre en défaut sur un détail insignifiant, et le dédain dont on a couvert ses premiers travaux. — Était-il donc si difficile de lire les noms de Darius, d'Hystaspe et de Xerxès sur les marbres de Persépolis? — mais c'est un jeu d'enfant! — Aujourd'hui, soit; tout le monde peut comprendre ces inscriptions en caractères inconnus naguères, cachant une langue inconnue; il y a bientôt un siècle, c'était une œuvre de génie........

Je me rappelais encore les premiers tâtonnements de Loewenstern, de Longpérier, de Saulcy, quand on essaya de déchiffrer les textes assyriens miraculeusement mis au jour par Botta. Les mêmes critiques se reproduisirent ; la même indifférence se fit autour de leurs travaux ; les pionniers de cette science nouvelle subirent les critiques parfois intéressées de ceux qui, au lieu de leur venir en aide, s'efforçaient de les jeter dans un découragement profond.

La lecture des textes cunéiformes pouvait, il est vrai, amener un trouble considérable dans l'opinion qu'on se formait alors sur la nature des langues sémitiques et sur le rôle que le peuple juif a joué dans l'Asie Occidentale. Cependant les chercheurs ne se sont pas découragés ; ils ont réussi ; et qui donc aujourd'hui s'aviserait de contester le principe de la lecture des textes assyriens ?

Ces réflexions m'avaient conduit autrefois, lorsque je me suis livré aux études assyriennes, à présenter l'histoire des travaux de ceux qui avaient abordé avant moi ces arides questions ; je la complétais à mesure qu'un progrès nouveau se faisait jour, tant il me paraissait nécessaire de mettre en relief les travaux de nos devanciers, pour indiquer la route à ceux qui voudraient nous suivre ; me souvenant des enseignements de mon premier maître[1] et redisant avec lui les paroles de Bacon : « *State super vias antiquas et videte quænam sit via recta et bona….. »*

Il en est de même des études hétéennes. Quelques ruines et des inscriptions bizarres à peine remarquées, il y a dix ans, révèlent une civilisation dont l'existence était oubliée depuis longtemps, et dont le nom même était perdu.

Pour en connaître l'histoire, il s'agit de lire ces inscriptions ou plutôt de les épeler. C'est un travail ingrat : plus d'un échouera peut-être ; mais il faut *commencer,* ne pas faire fausse route et bien marquer le point de départ. Aussi, j'avais entrepris une esquisse des travaux accomplis sur ces nouvelles données, pour mettre en lumière les débris de ce vaste empire, dont on trouve des ruines depuis l'Oronte jusqu'à la Mer-Noire, depuis l'Euphrate jusqu'à la Mer-Egée. J'avais réuni l'indication des monuments dont on dispose, et signalé la nature de l'écriture qui les recouvre, tout aussi mystérieuse que celle des hiéroglyphes égyptiens, tout aussi étonnante que celle des cunéiformes de l'Assyrie. J'avais préparé un résumé des travaux commencés, une carte pour déterminer les principaux points où se trouvent

---

[1] Charma, *Leçons de Philosophie orientale, publiées par son élève,* Caen, 1842.

les ruines, ainsi que des croquis pour donner un spécimen des monuments et des fac-simile de l'écriture. Je me proposais de publier ce résumé, lorsque je reçus d'Oxford un intéressant volume de mon ami, le Professeur Sayce. Il m'avait devancé ! En le lisant, je m'aperçus qu'il avait dit tout ce que je voulais dire, comme moi, et mieux que moi ; aussi, je n'ai pas hésité à fermer mon manuscrit. — N'avais-je plus rien à faire ? — En Angleterre, les études héléennes jouissent déjà d'une popularité qu'elles n'ont pas encore conquise en France ; le livre de M. Sayce peut contribuer à la leur faire acquérir chez nous. Ce livre étant écrit en anglais, il a suffi de le traduire ; j'ai été heureux de trouver un traducteur au courant de ces questions, pour pouvoir substituer l'œuvre de M. Sayce à la mienne.

Paris, novembre 1890.

J. MENANT.

PRÉFACE DE L'AUTEUR

On a appelé la découverte du rôle important que les Hétéens ont joué jadis parmi les nations « le roman de l'histoire ancienne ». Rien, en effet, ne saurait être plus intéressant que la résurrection d'un peuple oublié, surtout lorsque ce peuple a été intimement lié à l'histoire de l'Ancien Testament et aux destinées des enfants d'Israël. Les pages suivantes contiendront l'exposé de cette résurrection, préparée par les fragments des inscriptions assyriennes et égyptiennes, ainsi que par les étranges monuments de l'Asie-Mineure couverts de ces nouveaux hiéroglyphes qui résistent encore au travail de déchiffrement. C'est une chose merveilleuse de penser qu'il y a dix ans à peine, ce « roman » n'aurait pu être écrit, et que la part des nations hétéennes dans l'histoire du monde n'était même pas soupçonnée. — Nous sommes devenus, pour ainsi dire, familiers avec les amis d'Abraham et la race à laquelle Uri appartenait.

Une grande place leur est déjà faite dans la littérature, et cette place tend à devenir de plus en plus importante. La pierre angulaire, posée par mon mémoire « sur les monuments des hétéens » en 1880, a permis d'élever l'imposant édifice de « l'Empire des Hétéens » du Dr Wright, dont la seconde édition a paru en 1886, et de publier le 4e volume du magnifique travail de MM. G. Perrot et Ch. Chipiez sur « l'Histoire de l'Art dans l'Antiquité ». Ce dernier ouvrage, grâce aux nombreux dessins qu'il contient, met sous les yeux du lecteur une peinture vivante de l'architecture et de l'art des Hétéens.

Les inscriptions laissées par ces peuples et tracées à l'aide des caractères de leur propre écriture hiéroglyphique ne sauraient tarder à livrer leurs secrets. La production de documents de plus en plus nombreux permettra de se livrer à une étude plus approfondie, et l'on saura bientôt distinguer entre toutes les tentatives d'interprétation que ces découvertes auront provoquées celle qui aura été la plus fructueuse. Le système de déchiffrement du Major Conder n'a pas encore obtenu la sanction des savants, pas plus que le système rival de M. Ball, tout habile et ingénieux qu'il puisse être. Toutefois, d'après les succès obtenus pendant ces dernières années, nous ne tarderons pas à en savoir autant sur l'écriture et la langue des Hétéens que sur leur civilisation et leur art. Citons, pour terminer, les paroles du Dr Wright :
« Il faut travailler, dit-il, à délier la langue muette

de ces inscriptions et à leur arracher leurs mystères, non pas dans le but de créer une sensation ou de confirmer une théorie quelconque, mais simplement pour connaître leur contenu véritable ; aussi je ne doute pas qu'en suivant une méthode sérieuse d'investigation nous n'obtenions des résultats qui satisferont à la fois l'orientaliste et confirmeront la vérité des récits bibliques. »

A. H. SAYCE.

Queen's College, Oxford.
Octobre, 1888.

L'EMPIRE DES HÉTÉENS
(d'après W. Wright, *The Empire of the Hittites*)

LES HÉTÉENS

HISTOIRE D'UN EMPIRE OUBLIÉ

I

LES HÉTÉENS DE LA BIBLE

Nous lisons au second livre des Rois (VII, 6) que le Seigneur ayant envoyé une panique aux Syriens campés autour de Samarie, ceux-ci se dirent les uns aux autres : « Voici que le roi d'Israël a pris à sa solde les rois des Hétéens et les rois des Égyptiens pour nous attaquer. » Il y a quarante ans à peu près, un savant distingué soumit ce passage à l'examen de sa critique. Il déclara que « its unhistorical tone is too manifest to allow of our easy belief in it[1]. » Il ajoutait que nul roi hétéen ne pouvait avoir été comparé,

---

[1] Prof. F. W. Newman, *History of the Hebrew Monarchy*, pp. 178, 179 (N. T.).

quant à la puissance, au roi de Juda, le véritable et proche allié qui n'est pas nommé....., et enfin qu'il ne se trouve pas dans ce passage la plus légère trace de la connaissance de l'histoire contemporaine.

Les découvertes récentes ont fait retomber ces objections sur le critique lui-même. Ce n'est pas au scribe antique, mais bien à l'auteur moderne que l'on est en droit de reprocher maintenant son ignorance de l'histoire contemporaine de cet âge. Les Hétéens avaient une puissance très réelle. Peu de siècles avant l'époque d'Elisée, ils avaient disputé aux Égytiens la souveraineté de l'Asie Occidentale, et, quoique leur prépondérance eût décru au temps de Joram, c'étaient assurément des ennemis redoutables et des alliés fort utiles. Leur empire était encore digne d'être comparé au royaume divisé d'Égypte, et il était infiniment plus puissant que celui de Juda.

Les récits postérieurs de l'Ancien Testament ne nous apprennent rien de plus sur les Hétéens. L'époque de leur domination appartient à une date antérieure à l'établissement de la monarchie en Israël, antérieure même, nous ne craignons pas de le dire, à la conquête de Canaan par les Israélites. Les livres historiques en font rarement mention. Le traître qui livra Bethel à la maison de Joseph[1] se réfugia au pays des Hétéens (Jug., I, 26) et y bâtit une ville qu'il appela Luz. M. Tomkins pense l'avoir

---

[1] « Cet homme étant libre s'en alla au pays d'Hetthim, où il « bâtit une ville qu'il appela Luza, qui est le nom qu'elle port « encore aujourd'hui. » (N. T.)

retrouvée dans la ville de Latsa, prise par le roi d'Égypte Ramsès II, et il l'identifie avec Qalb Luzeh dans la Syrie du Nord. — Quoi qu'il en soit, une révision du texte, basée sur la traduction des Septante, transforme la leçon inintelligible de *Tahtimhodshi* du II⁰ livre de Samuel (XXIV, v, 6), dans *les Hétéens de Kadesh*, localité qui continua d'être pendant longtemps la principale place forte des Hétéens dans la vallée de l'Oronte[1]. Ce fut jusqu'à cette ville, située non loin de Hamath sur la frontière Nord du royaume d'Israël, que se rendirent les officiers de David, lorsqu'ils furent envoyés pour procéder au dénombrement d'Israël. Enfin, sous le règne de Salomon, les Hétéens sont encore mentionnés (I, Rois, x, 28, 29) dans un passage dont la traduction autorisée a obscurci le sens. Nous lisons dans la version revisée : « Et les chevaux que Salomon avait étaient amenés d'Égypte, et les marchands du roi les recevaient en troupeaux, chaque troupeau montait à un certain prix. Et un chariot sortait d'Égypte pour 600 sicles d'argent, et un cheval pour 150, et ils en amenaient ainsi pour tous les rois des Hétéens et pour les rois de Syrie. » Les trafiquants hébreux se trouvaient les intermédiaires entre l'Égypte et les pays du Nord, et exportaient les chevaux d'Égypte non seulement pour le roi d'Israël, mais encore pour celui des Hétéens.

Les Hétéens, dont les derniers livres historiques de l'Ancien Testament font mention, appartenaient au

---

[1] Voy. Vigouroux, *Revue des Questions historiques*, t. XXXI, pp. 58-120 (N. T.).

Nord. Hamath et Kadesh sur l'Oronte étaient leurs points d'occupation les plus méridionaux ; mais la Genèse fait connaître d'autres Hétéens, « les enfants de Heth, » ainsi qu'on les appelle, dont les possessions se trouvaient dans la région Sud de la Palestine. Ce fut d'Éphron le Hétéen qu'Abraham acheta la caverne de Machpelah, à Hébron (Gen., XXIII), et Ésaü prit pour femme Judith, fille de Beeri le Hétéen, et Bashemath, fille de Elon le Hétéen (Gen., XXVI, 34), ou encore Adah, fille de Elon le Hétéen (Gen., XXVI, 2). Ce doit être à ces Hétéens du Sud que se rapporte la liste ethnographique citée au x° chapitre de la Genèse, quand il est dit que Canaan engendra Sidon, son premier né, et Het (v, 15). Nous ne pouvons expliquer d'aucune autre manière le passage d'Ézékhiel [1] (XVI, 3, 45) dans lequel il déclare que « le père de Jérusalem était Amorrhéen et sa mère Hétéenne ». — Uri le Hétéen, le fidèle officier de David, doit être venu du voisinage de Hébron, où David avait régné pendant sept ans, plutôt que de la région des Hétéens du Nord. — Outre ces derniers, il y avait donc une population hétéenne qui s'était concentrée autour d'Hébron et à laquelle est due en partie l'origine de Jérusalem.

Il est bon de remarquer qu'Ezékhiel attribue la fondation de Jérusalen aux Amorrhéens aussi bien qu'aux Hétéens. Les Jébuséens, auxquels David

---

[1] Voici ce que dit le Seigneur Dieu à Jérusalem : « Votre race et votre origine viennent de la terre de Chanaan ; votre père était Amorrhéen et votre mère Hétéenne (ch. XVI, v. 3). » — « Votre mère est Hétéenne et votre père est Amorrhéen. » ch. XVI, v. 45 (N. T.).

enleva la ville, doivent avoir appartenu à l'une ou à l'autre de ces deux grandes races, et peut-être même aux deux? Dans tous les cas, nous trouvons ailleurs les Hétéens et les Amorrhéens intimement unis, par exemple, à Hébron, au temps d'Abraham, alors que Ephron le Hétéen y habitait, ainsi que les trois fils de l'Amorrhéen Mamré (Gen., xiv, 13).

Les monuments égyptiens montrent que les deux nations étaient unies de la même manière à Kadesh sur l'Oronte. Kadesh était une forteresse hétéenne ; cependant on en parle comme si elle était située *sur la terre d'Amaur* ou des Amorrhéens, et le roi est représenté sous les traits caractéristiques des Amorrhéens et non sous ceux des Hétéens.

Plus au Nord, dans la région que les Hétéens affectionnaient particulièrement, il existait des villes portant des noms qui paraissent composés avec ceux des Amorrhéens ; ainsi l'appellation assyrienne ordinaire du district dans lequel s'élevait Damas, *Gar-Emeris*, s'explique parfaitement comme le *Gar des Amorrhéens*. Sichem fut enlevé par Jacob aux Amorrhéens (Gen., xlviii, 22) et le royaume amorrhéen de Og et de Sihon renfermait de vastes territoires situés sur la rive orientale du Jourdain.—Au Sud de la Palestine, le massif de montagnes dans lequel s'élevait le sanctuaire de Kadesh-barnea était une possession amorrhéenne (Gen., xiv, 7; Deut., i, 19, 20). Il y a plus : nous apprenons par le livre des Nombres (xiii, 29) que les Hétéens, les Jébuséens et les Amorrhéens vivaient ensemble dans les montagnes du centre, tandis que les Amalécites habitaient la « terre du Sud » et les Cananéens le bord de la mer et la vallée du Jourdain. Au nombre des cinq rois amorrhéens contre lesquels Josué combattit se trouvaient le roi de Jérusalem et celui d'Hébron. (Jos., x, 5.)

Les Hétéens et les Amorrhéens étaient confondus dans les montagnes de la Palestine comme les représentants de deux races qui, d'après les ethnologues, auraient concouru à former les Celtes modernes. — Les monuments égyptiens nous apprennent toutefois que ces deux peuples étaient d'une origine et d'un caractère très différents. — Les Hétéens avaient les carnations jaunes et les traits des Mongols, le front fuyant, les yeux obliques [1], la machoire supérieure portée en avant; ils sont figurés aussi fidèlement sur leurs propres monuments que sur ceux de l'Égypte; de sorte que l'on ne peut accuser les artistes égyptiens d'avoir transmis à la postérité *la caricature* de leurs ennemis. Si les Égyptiens ont représenté les Hétéens comme manquant de beauté, c'est qu'ils en étaient véritablement dépourvus. Les Amorrhéens, au contraire, étaient beaux et de taille élevée; « de haute stature comme les cèdres, et forts comme les chênes. » (Amos, 2, 9.) Ils avaient la peau blanche, les yeux bleus et les cheveux rouges, tous les traits caractéristiques de la race blanche. M. Petrie signale leur ressemblance avec les Dardaniens de l'Asie-

---

[1] On sait que la position oblique des yeux chez les Mongols et les autres tribus de même race ne tient pas à la forme de la charpente osseuse, mais qu'elle résulte de la tension de la peau, produite par la saillie des pommettes et l'aplatissement de l'espace compris entre les deux yeux (N. T.).

Mineure, qui forment le lien entre les tribus à peau blanche de l'Archipel de la Grèce et les Lybiens au teint blanc de l'Afrique du Nord. On trouve encore ces derniers en grand nombre dans les régions montagneuses qui s'étendent à l'Est du Maroc, et parmi les Français on les désigne communément sous le nom de Kabyles. — Le voyageur qui les rencontre pour la première fois en Algérie ne peut manquer d'être frappé de leur ressemblance avec une certaine partie de la population des îles Britanniques. Leur peau blanche couverte de taches rousses, leurs yeux bleus, leur chevelure d'un rouge doré, leur taille élevée, lui rappellent les beaux Celtes d'un village irlandais, de sorte que lorsque nous découvrons que leurs crânes[1] sont semblables à ceux qui ont été recueillis dans les cromlechs préhistoriques du pays qu'ils habitent encore, il nous est permis de conclure que ce sont bien les représentants des descendants modernes des Lybiens à peau blanche, sculptés sur les monuments égyptiens.

En Palestine, nous trouvons les restes d'une race aux yeux bleus et à la peau blanche, dans lesquels nous pouvons encore voir les descendants des anciens Amorrhéens, comme nous voyons dans les Kabyles ceux des anciens Lybiens. Nous savons que le type amorrhéen se perpétua en Judée longtemps après la conquête de Canaan par les Israélites. Les captifs enlevés des villes méridionales du pays de Juda par Shishak, au temps de Roboam, et reproduits d'après

---

[1] Dolichocéphaliques ou à têtes longues.

les ordres du prince sur les murs du grand temple de Karnak, sont d'origine amorrhéenne. Leur profil régulier, au nez aquilin, aux pommettes saillantes, suivant M. Tomkins, et leur expression martiale sont les traits des Amorrhéens et non ceux des Juifs.

L'élévation de la taille a toujours été un signe caractéristique de la race blanche. C'est pour cela que les *Anakim* [1], les habitants amorrhéens d'Hébron [2], apparurent aux espions hébreux comme des géants, tandis qu'eux-mêmes n'étaient que des sauterelles à leurs yeux. (Nomb., XIII, 33.)

Après l'invasion des Israélites, les derniers des Anakim restèrent à Gaza, à Gath et à Ascalon (Jos., XI, 21, 22); au temps de David, Goliath de Gath et sa famille de géants étaient des sujets d'épouvante pour leurs voisins. (II, Sam., XXI, 15-22.)

Il est donc évident que les Amorrhéens de Canaan appartenaient à la même race blanche que les Libyens du Nord de l'Afrique, et que, comme ceux-ci, ils préféraient les montagnes aux plaines et aux vallées brûlantes. Les Libyens eux-mêmes se rattachaient à une race qu'on peut suivre à travers la péninsule hispanique et le long de la côte occidentale de la France jusqu'aux îles Britanniques. Or, il faut remarquer que toutes les fois que cette branche de la race blanche s'est

---

[1] Les *Anakim* ou fils d'*Anak* étaient répandus dans les montagnes du pays de Canaan. De cette branche étaient les *Nephilîm* que la Vulgate appelle *Monstra quædam de genere giganteo*, et les familles d'*Achiman*, *Sesaï* et *Thalmaï* qui demeuraient à Hébron (N. T.).

[2] Hébron fut fondé probablement par *Arba*, père des Anakim. *Josué*, ch. XIV, v. 15, et ch. XXI, v. 11 (N. T.).

propagée, elle a été accompagnée d'une forme particulière de cromlechs, sortes de chambres sépulcrales bâties avec des pierres non taillées. — Les pierres sont placées droites sur le sol et recouvertes de grands blocs ; la chambre entière est ensuite cachée sous un tumulus de petites pierres ou un amas de terre. L'entrée du cromlech était précédé, assez souvent, d'une sorte de couloir. On rencontre ces monuments en Bretagne, en France, en Espagne, dans le Nord de l'Afrique et dans la Palestine, particulièrement sur la rive orientale du Jourdain, et les crânes d'hommes exhumés de ces sépultures sont du type qu'on désigne sous le nom de dolichocéphalique ou à tête longue.

Il était nécessaire d'entrer dans quelques détails au sujet des renseignements fournis par les découvertes récentes, afin de montrer qu'il faut distinguer soigneusement les Amorrhéens des Hétéens, avec lesquels ils se sont ensuite mêlés. Les Amorrhéens devaient être en possession de la Palestine longtemps avant que les Hétéens n'y arrivassent. Ils s'étendaient sur un territoire beaucoup plus vaste, puisqu'il n'y a pas de traces d'Hétéens ni à Sichem ni sur la côte orientale du Jourdain, où les Amorrhéens établirent deux puissants royaumes, tandis que la première mention des Amorrhéens dans la Bible (Gen., XIV, 7) les fait habiter Hazezon-tamar ou En-gedi, sur les bords de la Mer Morte, où l'on n'avait jamais soupçonné que les Hétéens se fussent fixés. La colonie hétéenne en Palestine, de plus, était limitée à un petit district dans les montagnes de Juda ; la concentration de ses forces était plus au Nord, où les Amorrhéens étaient comparativement faibles. Il est vrai que Kadesh sur l'Oronte était entre les mains des Hétéens ; mais il est également vrai que cette ville était située « dans le pays des Amorrhéens », ce qui implique que ces derniers en étaient les habitants primitifs. Il faut donc considérer les Amorrhéens comme la population indigène, au milieu d'une partie de laquelle les Hétéens s'établirent et se marièrent plus tard. A quelle époque ces événements prirent-ils place? C'est ce qu'il nous est encore impossible de dire.

II

LES HÉTÉENS D'APRÈS LES MONUMENTS DE L'ÉGYPTE ET DE L'ASSYRIE

Dans le chapitre précédent, nous avons recueilli les renseignements fournis par la Bible sur les « enfants de Het ». Dès le temps de Salomon, ils formaient au Nord de la Syrie un peuple puissant gouverné par des « Rois », et se rendaient redoutables à leurs voisins syriens. Cependant une autre branche s'était établie dans la région Sud de la Palestine ; elle s'était cantonnée dans les montagnes avec les Amorrhéens et avait pris part à la fondation de Jérusalem. Ce fut de l'un des représentants de cette famille, Ephron, fils de Zohar, qu'Abraham acheta la caverne de Machpelah à Hebron (Gen., XXIII). Une des femmes d'Esaü était de lignée hétéenne, ainsi que nous l'avons dit. Plus tard, Uri le Hétéen fut un des principaux officiers de David (II, Rois, XI), et sa femme Bath-Sheba devint non seulement la mère de Salomon, mais également une des ancêtres du Christ ; c'est précisément de ce rapprochement qu'est né l'intérêt si particulier qui s'attache aux Hétéens.

La lecture des inscriptions de l'Égypte et de l'Assyrie a jeté une lumière nouvelle sur l'origine et l'histoire des enfants de Het (*Beni-Heth*) et a montré que la race à laquelle ils appartenaient avait joué jadis un rôle important dans l'histoire de la civilisation orientale. Les monuments égyptiens les appellent *Khêtas* (ou plutôt *Khata*), ceux de l'Assyrie *Khattâ* ou *Khate*, deux expressions équivalentes de l'hébreu *Kheth* ou *Khitti*.

Les Khêtas ou Hétéens apparaissent en scène pour la première fois sous la XVIII° dynastie égyptienne. Le gouvernement étranger des Hycksos ou rois Pasteurs avait été renversé; l'Égypte avait recouvré son indépendance, et ses princes étaient résolus à se venger des souffrances causées dans leur pays par les envahisseurs asiatiques. La guerre commença par chasser ces derniers du Delta et se termina par l'attaque de leurs propres possessions en Palestine et en Syrie. Touthmès Ier [1] (1600 av. J.-C.) marcha vers les rives de l'Euphrate et établit la limite de son empire dans le pays de Naharina. Le Naharina était l'Aram biblique [2] ou la Syrie des deux rivières, mieux connue peut-être sous le nom de Mésopotamie; sa position a été fixée par les découvertes récentes. C'était la

---

[1] Nous n'avons pas le récit des conquêtes de Touthmès Ier. Voy. Lepsius, *Denkm*, III, 5; — de Rougé, *Annales de Touthmès*, III, p. 17 (N. T.).

[2] Fr. Delitzsch, *Wo lag das Paradies*, p. 257 (N. T.).

région appelée *Mitanni* par les Assyriens, qui la décrivent comme faisant face au pays des Hétéens, sur la rive orientale de l'Euphrate, entre Karkemish et l'embouchure du Balikh.

Sous Touthmès, c'était l'empire prépondérant dans l'Asie Occidentale. Les Hétéens ne s'étaient pas encore rendus redoutables, et le plus dangereux ennemi que le monarque égyptien était appelé à rencontrer, c'était le peuple sur lequel Chushan-rishathaim régna postérieurement. (Jug., III, 8.) Ce n'est que sous le règne de son fils, Touthmès III, que les Hétéens viennent en ligne. On les divise en grands et petits; ces derniers désignent peut-être les Hétéens du Sud de Juda. Cependant, Touthmès reçut le tribut du « Roi de la grande Terre des Khêtas », qui consistait en or, en esclaves noirs, en serviteurs et en servantes, en bœufs, etc.

Nous ne savons pas si les Hétéens étaient déjà en possession de Kadesh. S'ils l'avaient été, ils auraient pris part à la lutte qui s'engagea sous les murs de Mageddo, et ne se termina à l'avantage de Touthmès qu'après une longue série de campagnes[1].

Avant sa mort, Touthmès avait rendu l'Égypte maîtresse de la Palestine et de la Syrie jusqu'aux bords de l'Euphrate, ainsi que du pays de Naharina. Une inscription écrite sur les murs de la tombe d'un de ses plus braves capitaines raconte que le défunt a fait des prisonniers dans le voisinage d'Alep et qu'il a traversé l'Euphrate à gué, alors que son maître

---

[1] De Rougé, *Annales de Touthmès III*, pp. 8, 9, 23, 28 (N. T.).

donnait l'assaut à la puissante forteresse hétéenne de Karkemish. Kadesh sur l'Oronte avait déjà ouvert ses portes au vainqueur ; et, pendant quelque temps, toute l'Asie-Occidentale rendit hommage au monarque égyptien ; le roi d'Assyrie lui-même lui envoya des présents et sollicita son alliance. L'Empire égyptien touchait à l'Est au pays de Naharina et au Nord à celui des Hétéens.

Des voisins aussi puissants ne pouvaient pas rester longtemps en paix. Un fragment d'inscription rapporte que la première campagne de Touthmès IV, petit-fils de Touthmès III, fut dirigée contre les Hétéens, et Aménophis III, fils et successeur de Touthmès IV, trouva nécessaire de consolider la paix et de s'allier par un mariage au roi de Naharina. Ce mariage eut d'étranges conséquences pour l'Égypte. La nouvelle reine apportait avec elle non seulement un nom et des usages étrangers, mais encore une foi nouvelle. Elle refusa d'adorer Ammon de Thèbes et les autres dieux de l'Égypte, et s'attacha à la religion de ses aïeux, dont le culte suprême était réservé au disque solaire. Les monuments hétéens eux-mêmes témoignent de la prépondérance de ce culte dans la Syrie du Nord [1]. Le disque solaire ailé apparaît au-dessus de la stèle d'un roi, apportée de Biredjik au Musée Britannique ; et en Ptérie, au Nord de l'Asie-Mineure, les artistes hétéens ont sculpté le disque solaire sur la paroi des rochers de Iasili-Kaïa.

---

[1] Nicholson, « *On some remains of the Disk worshippers.* » (N. T.)

Aménophis IV, fils d'Aménophis III[1] et de la Reine Taï, fut élevé dans la religion de sa mère, et lorsqu'il monta sur le trône, il s'efforça d'imposer la nouvelle croyance à ses sujets. La puissante caste sacerdotale de Thèbes le soutint pendant quelque temps ; mais enfin il prit le nom de Khu-n-Aten (la splendeur du disque solaire), et quittant Thèbes et les anciens sanctuaires, il bâtit une capitale consacrée à la nouvelle divinité. Cette ville s'élevait sur la rive orientale du Nil, au Nord d'Assiout, et la longue ligne de ruines qui marque son emplacement est maintenant appelée par les indigènes Tell-el-Amarna[2]. Elle fut peuplée par les adhérents de la nouvelle croyance, et l'on trouve encore leurs sépultures dans les rochers qui ferment le désert à l'Orient. Toutefois son existence ne fut pas de longue durée. Après la mort de Khu-n-Aten (le Roi hérétique), le trône fut occupé par un ou deux princes qui embrassèrent sa foi, mais leurs règnes furent courts, et ils eurent pour successeur un monarque[3] qui retourna à la religion

---

[1] Brugsch, *His.*, t. I, p. 115 (N. T.).

[2] « De Siout au Caire, toutes les villes unies les unes aux autres par la voie ferrée se succèdent sur la rive gauche du fleuve, la seule qui borne une large zone de campagnes en culture. Au delà de Manfalout s'ouvre le canal d'Ibrahimieh, nouvelle prise d'eau de Bahr-Yousef ; les champs sont coupés dans tous les sens de canaux et de rigoles. Cette région fertile de l'Égypte était autrefois couverte de villes considérables. Au pied de la chaîne arabique est la grande nécropole de Tell-el-Amarna, où tous les morts sont placés sous l'invocation du Dieu sémitique, Aten, et dont on adorait le disque rayonnant. » E. Reclus, *Égypte*. (N. T.)

[3] Horemheb (Armaïs). — (N. T.).

de ses ancêtres. La capitale de Khu-n-Aten fut abandonnée, et les objets trouvés sur son emplacement montrent que, dès lors, elle ne fut plus habitée.

Au milieu de ses ruines, on a fait récemment une découverte qui jette une lumière inattendue sur l'histoire du monde oriental, un siècle avant l'Exode. On y a recueilli une nombreuse collection de tablettes d'argile[1], semblables à celles qui ont été exhumées des monticules de l'Assyrie et de la Babylonie; comme ces dernières, elles sont couvertes d'inscriptions en caractères cunéiformes et conçues dans l'idiôme assyro-babylonien. Ce sont, pour la plupart, des *lettres* et des *dépêches* envoyées à Khu-n-Aten et à son père Aménophis III par les gouverneurs et les chefs de la Palestine, de la Syrie, de la Mésopotamie et de la Babylonie : ce qui prouve que le babylonien était, à cette époque, la langue internationale, et le système graphique cunéiforme le moyen de communication du monde lettré oriental. Beaucoup de ces tablettes furent transférées par Khu-n-Aten des archives de Thèbes dans la nouvelle ville de Tell-el-Amarna; le reste fut reçu et emmagasiné après la construction de la ville. Nous apprenons par ces textes que les Hétéens étaient déjà massés au Sud et qu'ils causaient de sérieuses alarmes aux gouverneurs et aux alliés du roi d'Égypte. Une de ces tablettes renferme une dépêche, émanant d'un gouverneur de la Syrie du Nord, qui prie le monarque égyptien d'envoyer

---

[1] Voy. Sayce, *Annual address on the cuneiform inscriptions of Tell El-Amarna. Victoria Institute*, 1889. (N. T.)

des renforts contre ses voisins aussi promptement que possible.

L'hérésie de Khu-n-Aten apporta du trouble et des divisions en Égypte, si bien que ses successeurs immédiats semblent avoir été forcés de se retirer de la Syrie. Loin de pouvoir aider leurs alliés, les généraux égyptiens ne se trouvèrent pas assez forts pour repousser les armées hétéennes. Ramsès Ier, le fondateur de la XIXe dynastie, fut obligé de conclure une alliance offensive et défensive avec le roi hétéen Sapalel, et de reconnaître ainsi l'égalité de la puissance hétéenne.

A partir de ce moment, l'Empire hétéen semble constitué. Kadesh passa de nouveau entre les mains des Hétéens, et l'influence dont l'Égypte avait joui jusqu'alors en Palestine et en Syrie fut usurpée par sa rivale. Les braves montagnards du Taurus étaient descendus dans les plaines fertiles du Sud, interrompant les communications entre la Babylonie et le pays de Canaan, et remplaçant les caractères cunéiformes de la Chaldée par leur propre écriture hiéroglyphique. Le Babylonien cessa dès lors d'être la langue des diplomates et des lettrés.

Avec Séti Ier, fils et successeur de Ramsès, la puissance de l'Égypte renaquit. Ce prince repoussa dans le désert les Bédouins et les autres maraudeurs, et porta la guerre dans la Syrie même. Les villes des Philistins reçurent de nouveau des garnisons égyptiennes. Séti fit avancer ses troupes jusqu'à l'Oronte[1],

---

[1] Brugsch, *His.*, t. I, pp. 128-130 (N. T.).

attaqua à l'improviste la ville de Kadesh et la prit d'assaut. La guerre était maintenant commencée entre les Égyptiens et les Hétéens ; elle dura la moitié du siècle suivant et laissa l'Egypte complètement épuisée ; malgré les outrecuidantes vantardises des scribes et des poètes, cette dernière s'estima heureuse de conclure une paix qui transmettait la possession de l'Asie-Mineure à ses rivaux.

Le succès couronna tout d'abord les efforts de Séti[1]. Il conduisit ses armées une fois encore vers l'Euphrate et les frontières du Naharina, et obligea le monarque hétéen, Mautal, à demander la paix. Les indigènes du Liban le reçurent avec transports, et abattirent dans leurs forêts des cèdres pour construire des vaisseaux sur le Nil.

Lorsque le roi Séti mourut, les Hétéens se trouvaient de rechef en possession de Kadesh, et la guerre avait éclaté entre eux et Ramsès II. Le long et glorieux règne de ce prince fut une lutte interminable contre ses redoutables ennemis. La guerre apporta des chances diverses. Parfois la victoire penchait du côté des Égyptiens, parfois du côté des Hétéens. Le principal résultat fut d'attirer la ruine et la désolation sur les villes des Chananéens. Leur pays fut dévasté par les armées hostiles qui le traversaient ; leurs cités furent saccagées, tantôt par les envahisseurs hétéens venant du Nord, tantôt par les soldats de Ramsès venant du Sud. Il n'y a pas lieu de s'étonner que les habitants se réfugiassent dans des forteresses bâties dans des

---

[1] Voyez les sculptures de la grande salle du temple d'Ammon, à Karnak (N. T.).

îles, comme Tyr, désertant ainsi la ville élevée sur le continent, ville dont un voyageur égyptien, de l'époque de Ramsès, rapporte l'embrasement arrivé peu de temps avant son passage. Nous pouvons comprendre maintenant comment les populations offrirent si peu de résistance aux envahisseurs israélites. L'Exode eut lieu après la mort de Ramsès II ; et quand Josué entra en Palestine, il y trouva un peuple divisé et un pays épuisé par les longues et terribles guerres du siècle précédent. Le chemin avait été préparé aux Israélites par les Hétéens pour la conquête de Canaan.

Pentaour, sorte de poète épique égyptien, nous a laissé un long poème qui rapporte les hauts faits de Ramsès lors de sa première campagne contre les Hétéens. L'événement que célèbrent ces chants est un acte de courage accompli par le monarque égyptien sous les murs de Kadesh ; mais Pentaour a transformé le roi en héros capable d'actions surnaturelles et a produit ainsi un poème épique qui rappelle l'Iliade des Grecs. Les détails d'ailleurs apportent certaines clartés sur l'histoire de cette époque, et montrent à quel degré de puissance l'Empire hétéen était parvenu. Le roi pouvait appeler à son aide des vassaux, ses alliés, non seulement de la Syrie, mais encore des régions lointaines de l'Asie-Mineure. Les trafiquants de Karkemish, les insulaires d'Arvad, reconnaissaient sa suprématie, de concert avec les Dardaniens de la Troade et les Mæoniens de la Lydie. L'Empire hétéen était donc constitué, et s'étendait des bords de l'Euphrate jusqu'aux rives de la mer Egée, comprenant à la fois les Sémites civilisés de la Syrie et les Barbares de l'Archipel grec.

Ce fut la cinquième année du règne de Ramsès (1383 av. J.-C.) qu'arriva l'évènement chanté par l'Homère égyptien [1]. Les armées égyptiennes s'étaient avancées jusqu'à l'Oronte dans le voisinage de Kadesh. Deux espions bédouins ayant été pris, ils assurèrent que le roi hétéen était campé au Nord, à Alep, avec ses troupes ; mais cette nouvelle était fausse. Les Hétéens et leurs alliés, aussi nombreux que les sables de la plage, étaient en embuscade non loin de là. A leur suite venaient les soldats du Naharina, les Dardaniens de la Mysie, avec un nombre incalculable d'autres guerriers qui reconnaissaient alors la suprématie des Hétéens. Le monarque hétéen, dit le poète, « n'avait laissé personne sur son chemin, sans l'emmener avec lui. Le nombre de ses soldats était infini ; jamais avant on n'avait vu chose semblable. Ils couvraient les montagnes et les vallées, aussi nombreux que des sauterelles. Il n'avait laissé ni or ni argent à son peuple ; il avait enlevé tous leurs biens et toutes leurs possessions, pour les donner aux gens qui l'accompagnaient à la guerre. »

L'armée entière s'embusqua au Nord-Ouest de Kadesh. Tout à coup, elle s'ébranla et tomba sur les Égyptiens terrifiés, à côté des eaux du lac des Amor-

---

[1] Voy. de Rougé, *Le Poème de Pentaour*, cours de 1866-69 : *Records of the past*, II, 61 ; — Brugsch, *Egypt under the Pharaons*, II, 56 (N. T.). — Le texte du poème se trouve aux papyrus Raifé et Sallier III, ainsi qu'à Ibsamboul, Louqsor, Karnak et au Ramesseion.

rhéens, le lac de Homs des temps modernes. Les chars et les chevaux chargèrent « la légion de Rha-Harmakhis »; fantassins et cavaliers lâchèrent pied devant elle. La nouvelle fut apportée au Pharaon. « Il se leva comme son père Month; il saisit ses armes et endossa son armure comme Baal. » Son cheval « Victoire à Thèbes » le porta sur son char au milieu des ennemis. Alors il regarda derrière lui et vit qu'il était seul. Les plus braves entre les Hétéens lui coupaient la retraite, et 2,500 chars ennemis l'entouraient. Il était abandonné au milieu des ennemis; ni prince, ni capitaine n'était avec lui. Dans cette extrême détresse, le Pharaon implora son Dieu Ammon. « Où es-tu, mon père Ammon? — Si cet abandon signifie que le père a oublié son fils, ai-je fait quelque chose sans ta connaissance, ou n'ai-je pas suivi les conseils de ta bouche? Jamais les conseils de ta bouche n'ont été méprisés, et en aucune manière, je n'ai désobéi à tes ordres. Sovran, seigneur de l'Égypte, toi qui domptes les peuples qui te résistent, que sont ces peuples de l'Asie à ton cœur? Ammon humilie ceux qui ne connaissent pas Dieu... Vois donc, Ammon, je suis au milieu de beaucoup de peuples inconnus, réunis en grand nombre. Tous se sont unis, et je suis tout seul : nul n'est avec moi; mes guerriers et mes serviteurs m'ont abandonné. Je les ai appelés, et nul d'entre eux n'a entendu ma voix. »

La prière de Ramsès fut entendue. Ammon « étendit la main » et déclara qu'il était venu aider le Pharaon contre ses ennemis. Alors Ramsès se sentit inspiré d'une force surnaturelle : « Je lançais, lui fait-on dire, le trait de la main gauche, je combattais de la droite. J'étais comme Baal en son heure devant eux. J'avais rencontré 2,500 chars; j'étais au milieu d'eux, mais ils furent mis en pièces devant mes chevaux. » Le sol fut jonché de cadavres; le roi hétéen prit la fuite; les lieutenants de Ramsès se rallièrent autour du Pharaon qui dispersa ses ennemis en un instant. Six fois il chargea l'armée hétéenne, et six fois elle fut repoussée et massacrée. La force de Baal était « dans tous les membres » du roi égyptien.

Ses serviteurs vinrent enfin à son aide; mais la victoire était déjà gagnée, et il ne restait plus au Pharaon qu'à reprocher à son armée sa lâcheté et sa lenteur. « N'ai-je donné à chacun de vous ce qui était bon, s'écrie-t-il, que pour que vous me laissiez seul au milieu des troupes ennemies? Abandonné par vous, ma vie était en péril; vous respiriez tranquillement, et j'étais seul. Ne pouviez-vous pas dire dans vos cœurs que j'étais un rempart de fer pour vous? » Ce sont les chevaux du char royal et non les troupes qui méritent une récompense et qui l'obtiendront, quand le roi sera revenu sain et sauf chez lui. De sorte que Ramsès « revint avec la victoire et la force; il avait frappé de son bras des centaines de mille en un seul endroit. »

Le lendemain, dès l'aurore, il ordonna de reprendre le combat. Le serpent qui se dressait au milieu de son diadème « vomissait le feu » à la face des ennemis. Ceux-ci furent terrifiés par les actes de bravoure que le prince seul avait accomplis la veille, et ils craignaient de reprendre le combat. « Ils restèrent au loin, et se jetèrent à terre pour implorer le roi à la vue (de son armée). Et le roi les dominait et les tuait sans qu'ils pussent s'échapper. Comme les cadavres tombaient devant ses chevaux, ils gisaient tous baignés dans leur sang. Alors le roi du *peuple-ennemi des Hétéens* envoya un parlementaire implorer le grand nom du roi, parlant ainsi : « Tu es Ra-Harmakhis ; ta terreur s'étend sur le pays des Hétéens, car tu as à jamais rompu le cou des Hétéens. »

L'armée de Ramsès appuya la prière du héraut, afin que les Égyptiens et les Hétéens devinssent frères à l'avenir. En conséquence, un traité fut conclu ; mais il fut bientôt violé, et ce ne fut que seize ans plus tard que la paix fut enfin établie entre les deux puissances rivales.

L'acte de courage personnel sur lequel était édifié le poème épique de Pentaour semble avoir couvert un réel échec de l'armée égyptienne. En tous cas, il est évident que nul effort ne fut fait pour s'emparer de Kadesh, et le poète reconnaît même à quel point les soldats égyptiens avaient été prompts à entrer en composition avec leurs ennemis. Il n'est pas moins évident que la guerre contre les Hétéens continua. La dix-huitième année du règne du Pharaon, la Palestine subit une invasion, et certaines villes furent prises, comprenant Dapur ou Tabor « dans le pays des Amorrhéens, » pendant que d'autres campagnes étaient dirigées contre Ascalon, au Sud, et la ville de Tunep ou Tennib, au Nord. Enfin, un traité de paix

durable fut conclu la vingt et unième année d[e]
Ramsès ; ses conditions montrent que « le grand r[oi]
des Hétéens » allait de pair avec le grand r[oi]
d'Égypte, et que Ramsès lui-même, transformé e[n]
Sésostris par la légende grecque, s'estimait heureu[x]
de reconnaître la puissance de ses adversaires. L[e]
traité fut scellé par le mariage du Pharaon avec l[a]
fille du roi Hétéen [1].

Ce traité [2], dont nous possédons en entier le text[e]
égyptien, est très remarquable, non seulement parc[e]
que c'est le premier traité de cette sorte parven[u]
à notre connaissance, mais encore à cause de son con[-]
tenu. Il est ainsi conçu [3] :

« Dans la vingt et unième année, au mois Tybi[,]
le vingt et unième jour du mois, sous le règne du ro[i]
Ramessou-Meïamoun, le dispensateur de la vie éter[-]
nellement et à jamais, l'adorateur des divinité[s]
Ammon-Ra (de Thèbes), Harmakhis (d'Héliopolis)[,]
Phtah (de Memphis), Mout la Dame du Lac Ashe[r]
(près Karnak) et Khons, celui qui aime la paix, i[l]
y eut une assemblée publique : le roi assis sur le trôn[e]
d'Horus parmi les vivants, ressemblant à son pèr[e]

---

[1] Une stèle fut élevée à Thèbes en l'honneur du voyage d[u]
prince hétéen, qui est représenté en compagnie de son gendr[e]
et de sa fille. Lepsius, *Denkm*, part III, pl. CCXLVI (N. T.).

[2] Voy. la traduction de M. de Rougé, à la suite de l'ouvrag[e]
de M. Egger : *Études historiques sur les traités publics chez
les Grecs et les Romains*, 1886, in-8°, pp. 243-252. — Le texte a
été publié par Champollion, *Not. man.*, t. II ; Brugsch, *Monuments*, t. I, pl. XXVIII, et dans le grand ouvrage de Lepsius
(N. T.).

[3] Cette traduction est celle qui est donnée par Brugsch dans
la 2ᵉ édition de la traduction anglaise de son *Histoire d'Égypte*.

Harmakhis dans l'éternité, dans l'éternité, à jamais.

« Ce jour-là, le roi était dans la ville de Ramsès, présentant ses offrandes de paix à son père Ammon-Ra, et aux dieux Harmakhis-Toum, à Phtah de Ramessou-Meïamoun et à Soutekh, le fort, le fils de la déesse du Ciel Nout, pour qu'ils lui accordent beaucoup de *panégyries de trente ans*, ainsi que des années heureuses innombrables et la soumission de tous les peuples sous ses pieds, à jamais.

« Alors s'avança l'ambassadeur du roi et l'Adon (de sa maison, du nom de..., et il présenta les ambassadeurs) du grand roi de Kheta, Kheta-Sira, qui étaient envoyés à Pharaon pour proposer amitié au roi Ramessou-Meïamoun, le dispensateur de la vie éternellement et à jamais, comme son père le dieu du Soleil (la distribue) chaque jour.

« Voici la copie du contenu de la tablette d'argent que le grand roi de Kheta, Kheta-Sira, a fait faire, et qui fut offerte à Pharaon de la main de son ambassadeur Tartisebou et de son ambassadeur Ra-mès, pour lier amitié avec le roi Ramessou-Meïamoun, le taureau entre les princes, qui place ses frontières où il lui plaît sur toutes les terres.

« Le traité qui avait été proposé par le grand roi de Kheta, Kheta-Sira, le puissant, le fils de Maur-Sira, le puissant, le fils du fils de Sapalel, le grand roi de Kheta, le puissant, sur la tablette d'argent, à Ramessou-Meïamoun, le grand prince d'Égypte, le puissant, le fils de Menephtah-Seti, le grand prince d'Égypte, le puissant, le fils du fils de Ramessou Ier, le grand roi d'Égypte, le puissant, — c'était un bon traité pour l'amitié et la concorde, qui assura la paix (et établit la concorde) pendant une période plus longue que ce n'avait eu lieu depuis longtemps. Car c'était la convention du grand prince d'Égypte et du grand roi de Kheta, que la divinité ne permît pas que l'inimitié existât entre eux, sur la base d'un traité.

« A savoir, au temps de Mautal, le grand roi de Kheta, mon frère, il était en guerre avec (Menephtah Seti), le grand prince d'Égypte.

« Mais maintenant, à partir de ce jour, Kheta-Sira, le grand roi de Kheta, veillera à ce traité, de sorte que la convention puisse subsister, celle que le dieu Ra a faite, que le dieu Soutek a faite, pour le peuple d'Égypte et pour le peuple de Kheta, afin qu'il n'y ait plus d'inimitié entre eux à jamais. »

Et tel en est le contenu :

« Kheta-Sira, le grand roi de Kheta, a formé une alliance avec Ramessou-Meïamoun, le grand prince d'Égypte, à partir de ce jour, de façon qu'il puisse exister une bonne amitié et une bonne entente entre eux à jamais.

« Il sera mon allié ; il sera mon ami ; je serai son allié ; je serai son ami ; à jamais.

« A savoir, au temps de Mautal, le grand roi de Kheta, son frère, après son meurtre Kheta-Sira se plaça sur le trône de son père comme grand roi de Kheta. Je m'efforçai d'obtenir l'amitié de Ramessou-Meïamoun, le grand prince d'Égypte, et c'est (mon désir) que l'amitié et la concorde soient meilleures que l'amitié et la concorde qui existaient auparavant et qui ont été altérées.

« Je déclare : moi, le grand roi de Kheta, je serai uni à (Ramessou-Meïamoun), le grand prince d'Égypte, en bonne amitié et en bonne concorde. Les fils des fils du grand roi de Kheta seront unis et seront amis avec les fils des fils de Ramessou-Meïamoun, le grand prince d'Égypte.

« En vertu de notre traité de concorde, et en vertu de notre pacte (d'amitié, que le peuple) d'Égypte (soit uni d'amitié) avec le peuple de Kheta ! Qu'une semblable amitié et une semblable concorde subsistent ainsi à jamais !

« Que l'inimitié ne s'élève jamais entre eux ! Que le grand roi de Kheta n'envahisse jamais la terre d'Égypte, si quelque chose en a été volé. Que Ramessou-Meïamoun, le grand prince d'Égypte, ne franchisse jamais la frontière de la terre (de Kheta, si quelque chose en a été volé).

« L'équitable traité qui existait au temps de Sapalel, le grand roi de Kheta, ainsi que l'équitable traité qui existait au temps de Mautal, le grand roi de Kheta, mon frère, celui-là je l'observerai.

« Ramessou-Meïamoun, le grand prince d'Égypte, déclare qu'il y sera fidèle. (Nous sommes arrivés à nous entendre à ce sujet) l'un et l'autre en même temps, à partir de ce jour ; nous remplirons l'engagement et agirons d'une manière loyale.

« Si quelqu'un pénètre, en ennemi, sur les terres de Ramessou-Meïamoun, le grand prince d'Égypte, alors qu'il envoie à cet effet une ambassade au grand roi de Kheta. « Viens ! et rends-moi plus fort que lui. » Alors le grand roi de Kheta (réunira ses guerriers) et le roi de Kheta (viendra) frapper ses ennemis. Mais si le grand roi de Kheta préfère ne pas venir en personne, il enverra ses guerriers et ses chars, afin qu'ils puissent frapper les ennemis. Autrement (il encourra) la colère de Ramessou-Meïamoun (le grand prince d'Égypte ; et si Ramessou-Meïamoun, le grand prince d'Égypte, bannissait) pour un crime des sujets de son pays, et s'ils commettaient un autre crime contre lui, alors lui (le roi de Kheta) s'avancera pour les tuer. Le grand roi de Kheta agira de concert avec (le grand prince d'Égypte).

« Si quelqu'un venait en ennemi sur le territoire du grand roi de Kheta, alors il enverra une ambassade au grand prince d'Égypte avec la supplique qu'il vienne en grande force tuer ses ennemis ; et si c'est l'intention de Ramessou-Meïamoun, le grand prince d'Égypte, de venir (lui-même), il (frappera les ennemis du grand roi de Kheta). Si ce n'est pas l'intention du grand prince d'Égypte de s'avancer en personne, alors il enverra ses guerriers et ses (chars à deux chevaux), pendant qu'il renverra la réponse au peuple de Kheta.

« Si quelques sujets du grand roi de Kheta l'avaient offensé, alors Ramessou-Meïamoun (le grand prince d'Égypte, ne les recevra pas sur sa terre, mais il s'avancera pour les tuer),... le serment, avec le désir de dire : J'irai... jusqu'à ce que... Ramessou-Meïamoun, le grand prince d'Égypte, vivant à jamais... afin qu'il puisse être donné pour eux (?) au seigneur, et que Ramessou-Meïamoun, le grand prince d'Égypte, puisse parler suivant son contrat à jamais...

« (Si des serviteurs s'enfuient) hors du territoire de Ramessou-Meïamoun, le grand prince d'Égypte, et se réfugient vers le grand roi de Kheta, le grand roi de Kheta ne les recevra pas ; mais le grand roi de Kheta les livrera à Ramessou-Meïamoun, le grand prince d'Égypte (afin qu'ils puissent recevoir leur châtiment).

« (Si des serviteurs de Ramessou-Meïamoun, le grand prince d'Égypte, quittent son pays) et se réfugient au pays de Kheta, pour devenir serviteurs d'un autre, ils ne resteront pas dans la terre de Kheta ; (ils seront livrés) à Ramessou-Meïamoun, le grand prince d'Égypte.

« Si, d'un autre côté, les serviteurs du grand roi de Kheta s'enfuyaient pour se réfugier vers Ramessou-Meïamoun, le grand prince d'Égypte (afin de rester en Égypte), alors ceux qui sont venus de la terre de Kheta afin de se réfugier vers Ramessou-Meïamoun, le grand prince d'Égypte, ne seront (pas reçus par) Ramessou-Meïamoun, le grand prince d'Égypte, (mais) le grand prince d'Égypte Ramessou-Meïamoun (les livrera au grand roi de Kheta).

« (Et si des personnes) d'un esprit rusé quittaient le pays de Kheta, et venaient en terre d'Égypte pour devenir les serviteurs d'un autre, alors Ramessou-Meïamoun ne leur permettra pas de s'y établir ; il les livrera au grand roi de Kheta.

« Quand (ce traité) sera connu (des habitants de la terre d'Égypte et de la terre de Kheta, alors ils ne le violeront pas, car tout ce qui est écrit sur) la tablette d'argent, ce sont des paroles qui auront été approuvées par la réunion des Dieux, au milieu des divinités mâles et des divinités femelles, nommément parmi celles de la terre d'Égypte. Ils témoignent pour moi (de la validité) de ces paroles (qu'ils ont sanctionnées).

« Voici la liste des dieux de la terre de Kheta :

1. Soutekh, de la ville de Tunep.[1] ;
2. Soutekh, de la ville de Kheta ;
3. Soutekh, de la ville d'Arnema ;
4. Soutekh, de la ville de Zaranda ;
5. Soutekh, de la ville de Pilqa ;
6. Soutekh, de la ville de Khisasap ;
7. Soutekh, de la ville de Sarsu ;
8. Soutekh, de la ville de Khilip (Alep) ;
9. Soutekh, de la ville de… ;
10. Soutekh, de la ville de Sarpina ;
11. Astarta[2], du pays de Kheta ;
12. Le Dieu du pays de Zaiath-khirri ;
13. Le Dieu du pays de Ka… ;
14. Le Dieu du pays de Kher… ;
15. La déesse de la ville de Akh… ;
16. (La déesse de la ville de…) et du pays d'A…ua ;
17. La déesse du pays de Zaina ;
18. Le Dieu du pays de… nath…er.

« (J'ai invoqué ces divinités mâles et) femelles (du pays de Kheta, qui sont les Dieux) du pays, comme

---

[1] De nos jours Tennib, dans la Syrie du Nord.
[2] Lisez également Autarata.

témoins de mon serment. (A eux ont été associés les Divinités mâles et femelles) des montagnes et des rivières de la terre de Kheta, les Dieux de la terre de Qazauadana, Ammon, Ra, Soutekh, et les divinités mâles et femelles du pays d'Égypte, de la terre, de la mer, des vents et des orages.

« En ce qui concerne le commandement que contient la tablette d'argent, au sujet du peuple de Kheta et du peuple d'Égypte, celui qui ne l'observera pas sera abandonné (à la vengeance) de la réunion des Dieux de Kheta, et sera abandonné (à la vengeance) des Dieux d'Égypte (lui), sa maison et ses serviteurs.

« Mais celui qui observera les commandements que contient la tablette d'argent, qu'il soit du peuple de Kheta ou du peuple d'Égypte, parce qu'il ne les a pas méprisés, la réunion des Dieux de la terre de Kheta et la réunion des Dieux de la terre d'Égypte lui assureront sa récompense et conserveront sa vie (à lui) et à ses serviteurs, et à ceux qui sont avec lui et qui sont avec ses serviteurs.

« Si (un habitant de la terre d'Égypte) ou bien si deux ou trois de ses habitants s'enfuient, et s'ils se réfugient vers le grand roi de Kheta (le grand roi de Kheta ne leur) permettra pas (de rester; mais) il les livrera et les renverra à Ramessou-Meïamoun, le grand prince d'Égypte.

« Maintenant, en ce qui concerne l'habitant de la (terre d'Égypte) qui est livré à Ramessou-Meïamoun, le grand prince d'Égypte, sa faute ne sera pas punie dans sa personne; sa (maison) ne lui sera pas enlevée, ni sa (femme), ni ses (enfants). On ne (mettra pas à mort sa mère, et il ne sera puni ni dans ses yeux, ni dans sa bouche, ni sur la plante des pieds), de sorte qu'aucun crime ne lui sera reproché.

« Il en sera de même si les habitants du pays de Kheta s'enfuient, que ce soit un seul, ou deux ou trois, et s'ils se réfugient près de Ramessou-Meïamoun, le grand prince d'Égypte, Ramessou-Meïamoun, le grand prince d'Égypte, les fera saisir et les livrera au grand roi de Kheta.

« (En ce qui concerne) celui qui (est livré, son crime ne lui sera pas reproché); sa (maison) ne lui sera pas enlevée, ni ses épouses, ni ses enfants, ni ses gens; sa mère ne sera pas mise à mort; il ne sera puni ni dans ses yeux, ni dans sa bouche, ni sur la plante des pieds, et aucune accusation ne sera portée contre lui.

« Le portrait qui est au milieu de cette tablette d'argent est celui du dieu Soutekh....... entouré d'une inscription à cet effet : « Voici le (portrait) du dieu Soutekh, le roi du ciel et (de la terre) ». A l'époque (?) du traité que Kheta-Sira, le grand roi des Kheta, a fait... ».

Ce contrat d'alliance offensive et défensive montre mieux qu'aucune description ne pourrait le faire le degré de puissance auquel était arrivé l'empire hétéen, qui prenait rang à côté de l'Égypte de Ramsès, le dernier grand Pharaon qui gouverna le pays du Nil. Ses princes avaient disputé à l'Égypte la souveraineté de l'Asie Occidentale, et forcé le monarque égyptien de consentir à la paix. L'Égypte et la confédération hétéenne étaient alors les deux grandes puissances du monde.

Le traité fut ratifié par la visite en Égypte du prince hétéen Khéta-Sira, revêtu de son costume national, et par le mariage de sa fille avec Ramsès, la trente-troisième année du règne du Pharaon. (1354 av. J.-C.). La princesse prit le nom égyptien de Ur-Maa Noferu-Ra, et sa beauté fut célébrée par les scribes de la cour. La Syrie fut abandonnée aux Hétéens comme leur possession légitime; dès lors l'Égypte ne tenta plus de la leur enlever, et quand le joug hétéen arriva à être rejeté, ce fut par les efforts même des Syriens. — Toutefois, le grand roi des Hétéens conserva son pouvoir intact pendant quelque temps; sa suprématie fut reconnue depuis l'Euphrate à l'Est jusqu'à la mer Égée à l'Ouest, depuis la Cappadoce au Nord jusqu'aux tribus de Canaan au Sud. Le Naharina, jadis l'antagoniste des Pharaons égyptiens, accepta sa souveraineté, et Pethor, la résidence de Balaam, au confluent de l'Euphrate et du Sajour, devint une cité hétéenne. Si les villes des Philistins envoyaient des tributs au chef égyptien, l'influence hétéenne semble avoir été toute puissante au Nord. Les Amorrhéens des montagnes s'allièrent aux « enfants de Het », et les Cananéens des vallées se tournèrent vers eux pour obtenir leur protection. Les Israélites ne s'étaient pas encore interposés entre les deux grandes puissances du monde oriental; un souverain

1...

hétéen pouvait visiter l'Égypte, et un voyageur égyptien explorer les villes de Canaan.

Après soixante-six ans de splendeur, le long règne de Ramsès II se termina (1322 av. J.-C.). Les Israélites avaient travaillé à fonder les villes de Pithom[1] et de Ramsès, et à l'avènement au trône de son fils et successeur Menephtah, ils demandèrent la permission de quitter l'Égypte. L'histoire de l'Exode est trop bien connue pour que nous ayons besoin de la raconter ici[2]; elle marque la fin de la période de conquête et de prospérité dont l'Égypte avait joui sous les rois de la XVIIIe et de la XIXe dynastie. Au commencement de son règne, Menephtah avait envoyé du blé aux Hétéens, à une époque où il y avait une famine en Syrie, montrant ainsi que les relations pacifiques établies sous le règne de son père subsistaient encore. Il existe aussi des dépêches datées de la troisième année, qui parlent de lettres et de messages échangés entre l'Égypte et la Phénicie, ce qui prouve que Gaza était encore occupé par des troupes égyptiennes; mais, la Ve année de son règne, l'Égypte fut envahie par une confédération de tribus à peau blanche qui venaient de la Libye et des côtes de l'Asie-Mineure et qui parcoururent le Delta. Elles menacèrent l'existence même de la monarchie égyptienne; l'Égypte toutefois fut sauvée par une bataille dans laquelle l'ennemi envahisseur fut presque anéanti, mais non

---

[1] Naville, *The Store city of Pithom and the Route of the Exodus.* London, 1885 (*Egypt Exploration Fund*). — (N. T.)

[2] De Rougé, *Examen critique de l'ouvrage de M. le chevalier de Bunsen*, 2e partie, p. 74 (N. T.).

pas avant que ce dernier n'eût épuisé les ressources de l'Égypte et ne l'eût ainsi appauvrie et affaiblie.

Peu d'années après, la dynastie de Ramsès descendit dans la tombe au milieu du sang et des désastres. La guerre civile, suivie d'une invasion étrangère, éclatait, et Arisou le Phénicien s'emparait de la couronne ; mais des temps meilleurs vinrent ensuite. Les Égyptiens obéirent encore à un prince indigène, et la xxe dynastie fut fondée. — Son grand roi, Ramsès III, sauva sa patrie de deux invasions plus formidables encore que celles qui avaient été repoussées par Menephtah. Comme ces dernières, elles étaient conduites par les Libyens et les Grecs de l'Archipel ; les envahisseurs furent mis en déroute à la fois sur terre et sur mer. — La ligue maritime comprenait les Teucriens de la Troade, les Lyciens et les Philistins, peut-être les indigènes de la Sardaigne et de la Sicile? Ils s'étaient jetés sur les côtes de la Phénicie et s'étaient étendus par terre jusqu'à Karkemish. Chargés de butin, ils avaient campé « dans le pays des Amorrhéens » et étaient descendus ensuite vers l'Égypte. Les Hétéens de Karkemish et le peuple de Matenau de Naharina vinrent à leur suite, et une longue et terrible bataille fut livrée sur le bord de la mer, entre Raphia et Peluse. Les Égyptiens furent victorieux, les vaisseaux de l'ennemi coulés, et leurs soldats tués ou faits prisonniers[1].

[1] Greene, *Fouilles à Thèbes*, 1855; Cf. de Rougé, *Notice de quelques textes hiéroglyphiques*, dans l'*Athenœum français*, 1855; et Chabas, *Etudes sur l'antiquité historique*, pp. 250, 288 (N. T.).

L'Égypte fut de nouveau peuplée de captifs, et le flambeau de sa gloire passée se ralluma pendant quelques instants, avant de s'éteindre à jamais.

La liste des prisonniers montre que les tribus hétéennes avaient pris part à la lutte. Karkemish, Alep et Pethor sont nommés spécialement comme ayant envoyé des contingents à cette guerre. Les tribus avaient suivi sans doute la voie de terre, pendant que leurs alliés d'Asie-Mineure et des îles de la Méditerrannée avaient attaqué la côte d'Égypte avec leurs vaisseaux. — Autant que nous pouvons le supposer, les populations hétéennes ne reconnurent pas plus longtemps la suzeraineté d'un souverain impérial, mais elles se divisèrent en états indépendants. Il semble aussi qu'elles avaient perdu leur pouvoir sur la Mysie et les régions occidentales. On dit que les Teucriens et les Lyciens, les Shardanes et les Shakalash attaquèrent leurs villes avant de continuer leur marche vers le Sud. Si nous pouvons avoir quelque confiance dans ce fait, il faut en conclure que l'unité de l'empire hétéen était déjà brisée. Les tribus de l'Asie-Mineure, jadis conquises, s'étaient révoltées, et avaient porté la guerre dans les foyers de leurs anciens maîtres. Quoi qu'il en soit, à partir de ce moment, il est certain que la puissance des Hétéens en Syrie commença à décroître. Peu à peu la population araméenne repoussa les envahisseurs dans leurs forteresses du Nord, et pendant la période de la domination des Juges en Israël nous n'en entendons même pas parler. Les capitaines hétéens ne s'avancèrent plus au Sud de Kadesh, et quoique

Israël eût été jadis opprimé par un roi venu du Nord, c'était un roi de Aram-Naharaim, le Naharina des textes égyptiens, et non pas un prince hétéen.

Lorsque les monuments égyptiens nous font défaut, ceux de l'Assyrie viennent à notre aide. Les mentions les plus anciennes des Hétéens dans les textes cunéiformes sont contenues dans un grand recueil d'astronomie et d'astrologie, formé originairement par les soins d'un antique roi de Babylonie[1]. Les références au « roi des Hétéens », que nous y rencontrons, ne sauraient toutefois être reportées à une date très ancienne. — Un des principaux buts de l'auteur (ou des auteurs) de cet ouvrage était de prédire l'avenir, c'est-à-dire d'établir, étant donné un événement qui avait suivi certains phénomènes célestes, que cet événement pouvait se représenter, alors que les mêmes phénomènes se reproduisaient. En conséquence, il était d'usage d'enregistrer de temps en temps des événements récents ; et quelques-unes de ces gloses, comme on serait tenté de les appeler, ne sont probablement pas antérieures au XVIIe siècle av. J.-C. Il est donc impossible de fixer la date à laquelle appartiennent les allusions au roi hétéen ; dans tous les cas, ces indications sont comparativement récentes. Le premier récit précis que les inscriptions assyriennes nous donnent sur les Hétéens, et auquel nous pouvons attribuer une date, se rencontre dans les annales de Tuklat-pal-Asar.

---

[1] *Records of the Past*, I, p. 159. — *Ibid.*, pp. 160 et 161 (N. T.).

Ce prince est le fameux fondateur du premier empire assyrien ; il régnait vers 1110 avant J.-C. Il porta ses armes au Nord et à l'Ouest, pénétrant au cœur des montagnes abruptes et impraticables de l'Arménie, et se frayant un chemin jusqu'à Malatiyeh en Cappadoce. Ses annales nous offrent une peinture intéressante et complète de la géographie de ces régions à cette époque. Kummukh ou la Commagène, qui s'étendait alors au Sud à partir de Malatiyeh dans la direction de Karkemish, fut l'objet de sa première attaque[1] : « Au commencement de mon règne, dit-il, vingt mille Moschiens (ou hommes de Meshech) et leurs cinq rois, qui pendant cinquante ans avaient pris possession des pays d'Alzi et de Purukuzzi, qui jadis avaient payé des tributs et des taxes à Asur, mon maître, aucun roi (avant moi) ne les avait rencontrés en bataille; ils se fièrent à leur force et s'emparèrent de la terre de Kummukh. » Toutefois le roi assyrien marcha contre eux et les défit dans une bataille rangée ; après un grand massacre, il continua ensuite à porter le fer et le feu dans les villes de la Commagène. Leur chef Kili-Anteru, fils de Kali-Anteru, fut pris avec ses femmes et sa famille ; puis Tuklat-pal-Asar s'avança vers leur capitale et assiégea la forteresse de Urrakhinas. Le prince Sadi-Anteru, fils de Khattukhi le « Hétéen », se jeta aux pieds du vainqueur ; sa vie fut épargnée, et la « vaste terre de Kummukh » devint tributaire

---

[1] Inscription du prisme de Kala'at Schergat, v, col. 1, l. 62 et suiv. (N. T.).

de l'Assyrie, moyennant une offrande d'objets en bronze [1].

Vers ce même temps, quatre mille guerriers qui appartenaient aux Kaskâ ou Kolkhiens et les habitants d'Uruma, cités comme étant des « soldats hétéens » et ayant occupé les villes du Nord de la Mésopotamie, se soumirent volontairement au monarque assyrien et furent transportés en Assyrie avec leurs chars et leurs biens. Uruma [2] était l'Urima de la géographie classique, située sur l'Euphrate, un peu au Nord de Biredjik, de sorte que nous connaissons la localité véritable à laquelle ces soldats hétéens appartenaient. Par le fait, le nom d'hétéen doit avoir été une appellation générale donnée aux habitants de tout ce district. La moderne Marasch, par exemple, s'élève aujourd'hui sur les confins de l'antique *Kummukh* [3], et, comme nous le verrons, c'est de Marasch que nous vient une longue inscription hétéenne.

Tuklat-pal-Asar attaqua la Commagène une seconde fois et pénétra alors plus avant encore dans les défilés des montagnes du pays hétéen [4]. Dans une troisième campagne, ses armées campèrent en vue de Malatiyeh même, mais le roi se contenta d'exiger un petit tribut annuel de la ville, « ayant eu pitié d'elle », comme il l'avoue lui-même; quoique la vérité fut qu'il n'avait pu réussir à la prendre

---

[1] Ins. du Prisme, vii, col. 2, l. 36 et suiv. (N. T.).
[2] *Ibid.*, viii, col. 2, l. 72 (N. T.).
[3] Sur la situation du pays de Kummukh, voy. F. Delitzsch, *Wo lag das Paradies*, p. 274, et Schrader, *Keilinschriften und Geschichtsforschung*, pp. 127 et suiv. (N. T.).
[4] Ins. du Prisme, xi, col. 3, l. 8 (N. T.).

d'assaut. En effet, il ne parvint pas à se frayer un chemin aux endroits où l'Euphrate est guéable, les gués étant défendus par la grande forteresse de Karkemish. Il pilla la terre de Mitanni ou Naharina, tuant et pillant « en un jour, » depuis Karkemish au Sud jusqu'à un endroit qui faisait face au désert des Sukhi nomades, les Shuhites du livre de Job[1]. Ce fut alors qu'il tua dix éléphants dans le voisinage de Harran et sur les bords du Khabour, plus quatre buffles sauvages, qu'il avait chassés à coups de flèches et de lances dans la terre de Mitanni et dans la ville d'Arazikqi[2], qui s'élève en face de la terre des Hétéens.

Vers la fin du XIIe siècle avant notre ère, les Hétéens étaient donc encore assez forts pour tenir en échec un des plus puissants rois d'Assyrie. Il est vrai qu'ils n'obéissaient plus à un seul chef, et que la partie qui s'était établie dans la Commagène était dominée par les armées assyriennes et forcée de payer tribut à l'envahisseur assyrien. Mais Karkemish imposait le respect à Tuklat-pal-Asar, et il ne s'aventura pas à s'approcher de ses murs ou à forcer la rivière que la citadelle défendait. Son chemin était fermé à l'Ouest, et il ne parvint pas à traverser la grande route qui conduisait en Phénicie et en Palestine[3].

---

[1] Ins. du Prisme, xxxiv, col. 6, l. 58. — *Ibid.*, xxxv, col. 6, l. 72 (N. T.).

[2] Appelée Eragiza dans la géographie classique et le Talmud (xxxiv, col. 6, l. 58).

[3] L'inscription de la stèle donne pour limite extrême de l'empire de Tuklat-pal-Asar la grande mer du pays d'Akhari et le pays de Naïri. *W. A. I.*, III, pl. 4, n° 6 (N. T.).

A la mort de Tuklat-pal-Asar Ier, les inscriptions assyriennes nous font défaut. Ses successeurs laissèrent l'empire tomber en ruine, et plus de deux cents ans s'écoulèrent avant que le rideau ne se levât de nouveau. Ces deux cents ans avaient été témoins de l'élévation et de la chute du royaume de David et de Salomon, ainsi que de la naissance d'une nouvelle puissance, celle des Syriens de Damas.

Damas s'éleva sur les ruines de l'empire de Salomon ; mais sa grandeur montre clairement que la puissance des Hétéens en Syrie commençait à diminuer. Hadad-ezer, roi de Zobah, l'antagoniste de David, avait été assez fort pour envoyer du secours aux Araméens du Naharina, sur la rive orientale de l'Euphrate (2 Sam., X, 16), et avait marché avec eux sur Helam, nom de ville dans lequel on peut retrouver celui d'Alep [1]. Il est évident que les Hétéens ne pouvaient plus contenir la population araméenne ou empêcher un prince araméen de Zobah de les chasser du territoire qu'ils avaient jadis occupé. Il est possible même qu'il soit fait allusion, dans un passage de l'Ancien Testament, à une attaque préparée par Hadad-ezer contre eux. Quand il est dit qu'il fut renversé par David « comme il s'en allait étendre sa domination jusque sur l'Euphrate » (2 Sam., VII, 3), il se peut que ce fût contre les Hétéens de Karkemish que ses armées allaient être dirigées. Cette manière de voir n'est pas confirmée par le récit pos-

---

[1] Appelé *Khalman* dans les textes assyriens. Josèphe transforme Helam dans le nom propre de *Khalaman*.

térieur de l'écrivain sacré. « Quand Toi, roi de Hamath, apprenons-nous, sut que David avait frappé toute l'armée de Hadad-ezer, alors Toi envoya Joram, son fils, au roi David pour le saluer et le bénir, parce qu'il avait combattu contre Hadad-ezer et l'avait frappé; car Hadad-ezer était en guerre avec Toi. (2, Sam., VIII, 9-10.) » Nous savons maintenant, par les monuments qui ont été découverts sur l'emplacement de Hamath, que cette ville avait été jadis une localité hétéenne et qu'il n'y a nulle raison de ne pas croire qu'elle était encore au pouvoir des Hétéens au temps de David. Dans ce cas, ses ennemis syriens auraient été les mêmes que ceux de David, et un danger commun l'aurait ainsi unie à Israël dans une alliance qui ne fût brisée que par sa chute, causée par les Assyriens.

Les inscriptions assyriennes nous disent que le roi de Judée fût ligué avec Hamath jusque sous le règne d'Osias, et que le dernier chef indépendant de Hamath fut Yahu-bihdi, nom dans lequel nous reconnaissons celui du Dieu d'Israël. Le fait même que les Syriens s'imaginaient que les rois des Hétéens venaient au secours de Samarie, quand elle fut assiégée par les troupes de Damas, concourt à montrer que les Israélites et les Hétéens étaient considérés comme des alliés naturels, dont les adversaires étaient les Araméens de Syrie. Le pouvoir et la grandeur d'Israël s'étant élevés par la conquête et la soumission des populations sémitiques de la Palestine, la puissance des Hétéens s'était accrue également aux dépens de leurs voisins sémites. Le triomphe de la Syrie frappa à la fois les Hétéens de Karkemish et les Hébreux de Samarie et de Jérusalem.

Avec le règne d'Asur-nazir-habal, règne qui s'étendit de 885 à 860 av. J.-C., l'histoire assyrienne reprend son cours et fournit des synchronismes. Les campagnes et les conquêtes de ce prince rivalisent avec celles de Tuklat-pal-Asar Ier, et même les surpassent en étendue et en férocité. — Comme ses prédécesseurs, il exigea un tribut du pays de Kummukh ainsi que des rois du pays dans lequel est situé Malatiyeh[1]; mais, plus heureux que Tuklat-pal-Asar Ier, il réussit à passer l'Euphrate et força Sangara de Karkemish de lui rendre hommage[2]. Il est évident que la ville n'était plus aussi forte qu'elle l'avait été deux siècles avant, et que la puissance de ses défenseurs diminuait peu à peu. Cependant il y avait encore une petite population hétéenne sur la rive orientale de l'Euphrate; en tout cas, Asur-nazir-habal considère la tribu de Bakhian établie sur cette même rive comme hétéenne. Ce ne fut qu'après en avoir perçu un tribut qu'il traversa le cours d'eau sur des bateaux et s'approcha du pays de Gargamish ou Karkemish; mais les Hétéens rachetèrent par des présents l'assaut dont ils étaient menacés. Vingt talents d'argent, le métal favori des princes hétéens, « des coupes d'or, des chaînes d'or, des

---

[1] Grande inscription du palais de Nimroud, col. 1, l. 73 et suiv., et col. 2, l. 86 et suiv. (N. T.).

[2] *Ibid.*, col. 3, l. 64 et suiv. (N. T.).

lames d'or, 100 talents de cuivre, 250 talents de fer, des dieux de cuivre sous la forme de taureaux sauvages, des vases de cuivre, une bague de cuivre, le somptueux mobilier d'une résidence royale, des lits et des trônes de bois rare et d'ivoire, 200 femmes esclaves, des vêtements et des étoffes de diverses couleurs, du cristal noir et bleu, des pierres précieuses, des défenses d'éléphant, un chariot blanc, de petites statuettes en or, ainsi que de simples chars et des chevaux de guerre. » Tels furent les trésors jetés aux pieds du monarque assyrien par l'opulent roi de Karkemish. Nous avons ainsi une idée de la prospérité à laquelle la ville était arrivée, grâce à sa situation favorable sur la grande voie qui reliait le commerce de l'Orient à l'Occident. Cette prospérité, qui s'était perpétuée pendant plusieurs siècles, l'avait peuplée de marchands et de gens riches ; plus tard, nous retrouvons les inscriptions assyriennes qui nous parlent de la « mine de Karkemish » comme de l'un des étalons de monnaie reconnus dans l'Orient. Karkemish était ainsi devenue une ville de commerçants, et n'était plus capable de s'opposer, par les armes, aux guerriers disciplinés du roi assyrien.

Quittant Karkemish, Asur-nazir-habal poursuivit sa marche vers l'Occident, et après avoir traversé la terre d'Akhani[1], à sa gauche, il rencontra la ville d'Azaz, près d'Alep, qui appartenait au roi des Patiniens. Ces derniers étaient de souche

---

[1] Ins. du palais de Nimroud, col. 3, l. 71 (N. T.).

hétéenne et occupaient le pays entre la rivière Afrin
et les bords du golfe d'Antioche. Les armées assyriennes traversèrent l'Afrin et parurent sous les murs
de la capitale des Patiniens[1]. Toutefois de nombreux
présents les portèrent à se diriger vers le Sud et à
s'avancer, en suivant le cours de l'Oronte, dans la
direction du Liban. Là, Asur-nazir-habal reçut le
tribut des villes phéniciennes[2].

Salmanasar II, fils et successeur d'Asur-nazir-
habal, continua à suivre la politique guerrière de son
père. (860 à 825 av. J.-C.) Les princes hétéens furent
de rechef le but de ses attaques. Chaque année, Salmanasar conduisait ses armées contre eux, et reve-
nait chez lui chargé de butin. Il n'est pas difficile de
découvrir les visées de sa politique; il cherchait à
briser le pouvoir de la race hétéenne en Syrie pour
s'emparer des gués de l'Euphrate, ainsi que de la
grande voie qui amenait les marchandises de Phénicie
aux trafiquants de Ninive; puis, à l'occasion, pour
détourner le commerce de la Méditerranée au profit
de sa patrie. Par la chute des Patiniens, il se rendait
maître des forêts de cèdres de l'Amanus avec les dé-
pouilles desquelles ses palais étaient construits. Il est
vrai que Sangara de Karkemish vit le danger, et
il se forma une ligue de princes hétéens pour résister
à l'ennemi commun. Des contingents arrivèrent, non
seulement du pays de Kummukh et des Patiniens,

---

[1] Kunulua (N. T.).
[2] *Ibid.*, col. 3, l. 85 et suiv. (N. T.).

mais encore de la Cilicie et des montagnes de l'Asie-Mineure.

Cependant cela ne servit de rien. Les armées hétéennes furent mises hors de combat, et leurs chefs forcés d'acheter la paix par un tribut. Une fois de plus, Karkemish livra son or et son argent, son bronze et son cuivre, ses draperies de pourpre et ses trônes artistement travaillés, et la fille de Sangara elle-même fut enlevée pour embellir le harem du roi assyrien[1]. Pethor, la ville de Balaam, devint une colonie assyrienne ; son nom même fut changé en un nom assyrien. Le chemin d'Hamath et de la Phénicie était enfin ouvert aux armées assyriennes. A Alep, Salmanasar offrit des sacrifices au dieu national Hadad et descendit ensuite vers les villes du pays de Hamath. A Karkar, il fut rejoint par une grande ligue[2] formée par les rois d'Hamath et de Damas, à laquelle Achab, roi d'Israël, avait contribué pour 2,000 chars et 10,000 hommes ; mais rien ne résistait à l'ardeur des vétérans assyriens. L'ennemi fut dispersé comme de la paille, et les eaux de l'Oronte furent rougies de leur sang. La bataille de Karkar (854 av. J.-C.) mit les Assyriens en contact avec Damas et obligea Jéhu à envoyer plus tard un tribut au roi assyrien.

L'histoire postérieure de Salmanasar ne nous regarde plus. La puissance des Hétéens au Sud du

---

[1] Stèle de Kurkh, col. 2, l. 13 et suiv. (N. T.).
[2] *Ibid.*, col. 2, l. 88 et suiv. (N. T.).

Taurus était brisée à jamais. Le prince sémite s'était vengé de la conquête que les montagnards du Nord avaient faite jadis de sa patrie. Ils ne formaient plus une barrière séparant l'Orient de l'Occident, et ils n'empêchaient plus les Sémites de l'Assyrie et de la Babylonie de rejoindre ceux de la Phénicie et de la Palestine. Les relations interrompues à l'époque de la XIX° dynastie égyptienne pouvaient être renouées. La forteresse de Karkemish cessait de défendre les gués de l'Euphrate, et était forcée de reconnaître la suprématie de l'envahisseur assyrien. Par le fait, les Hétéens de la Syrie n'étaient devenus rien moins que les tributaires du monarque de Kalakh. Quand une insurrection éclata parmi les Patiniens, dans laquelle le roi légitime fut tué, et un usurpateur s'empara du trône, Salmanasar réclama et exerça le droit d'intervenir. — Il désigna un nouveau souverain et érigea sa statue dans la capitale même des Patiniens[1].

Le changement survenu dans les rapports entre les Assyriens et les Hétéens est marqué par un fait curieux. A partir de l'époque de Salmanasar, le nom d'Hétéen n'est plus employé par les écrivains assyriens avec une signification correcte. Il est appliqué, par extension, à tous les habitants de la Syrie du Nord, sur la rive occidentale de l'Euphrate, et il finit même par comprendre les habitants de la Palestine. Khatta ou « Hétéen » devint synonyme de Syrien. Il n'est pas difficile d'expliquer comment cela se fit. Les

---

[1] Ins. de l'Obélisque, l. 146 et suiv. (N. T.).

premières populations de la Syrie avec lesquelles les Assyriens s'étaient trouvés en contact étaient d'origine hétéenne. Quand leur puissance fut abattue et que les armées assyriennes eurent brisé la barrière opposée si longtemps à l'envahisseur, il est naturel de supposer que les états traversés ensuite par les généraux assyriens leur appartenaient. Or, beaucoup de ces états, quoique habités par une population araméenne, dépendaient alors de princes hétéens. Les Hétéens avaient imposé leur joug à une race étrangère d'origine araméenne, et les villes et les tribus araméennes et hétéennes se trouvaient mélangées dans la Syrie du Nord. « Je pris, dit Salmanasar, ce que les hommes du pays des Hétéens avaient appelé la ville de Pethor (Pitru), qui est sur le fleuve Sajur (Sagura), de l'autre côté de l'Euphrate, et la ville de Mudkînu, sur la rive orientale de l'Euphrate, que Tuklat-pal-Asar, mon royal ancêtre, qui régna avant moi, avait réunie à mon pays, et qu'Asur-rab-buri, roi d'Assyrie, et le roi des Araméens m'avaient enlevée par un traité[1]. » Plus tard, Salmanasar s'avança de Pethor jusqu'à Alep et y offrit des sacrifices « au Dieu de la ville », Hadad-Rimmon, dont le nom trahit le caractère sémitique de la population. Les Hétéens, d'ailleurs, n'avaient jamais été qu'une caste conquérante en Syrie, comme les Normands en Sicile, et, avec le temps, ils avaient gagné en ascendant sur le peuple soumis. Comme toutes les autres aristocraties de

---

[1] Voy. Stèle de Kurkh, col. 2, l. 30 et suiv. (N. T.).

même origine, ils tendaient à s'étendre ou à être absorbés par la population indigène.

Ils continuaient pourtant à posséder Karkemish, et la ruine du premier empire assyrien leur accorda un répit inattendu; mais la révolution qui mit sur le trône d'Assyrie Tuklat-pal-Asar III, en 725, apporta avec elle la chute de la suprématie hétéenne. L'Assyrie commença une nouvelle série de conquêtes, et, sous ses nouveaux chefs, elle établit un empire qui s'étendit sur toute l'Asie Occidentale. En 717 av. J.-C., Karkemish céda enfin devant les armées de Sargon, et son dernier roi Pisiris devint le captif du prince assyrien [1]. Son commerce et sa richesse passèrent entre les mains des Assyriens qui la colonisèrent et la placèrent sous les ordres d'un Satrape. La grande forteresse hétéenne sur l'Euphrate, qui, pendant tant de siècles, avait été le signe visible de leur puissance et de leurs conquêtes au Sud, tomba au pouvoir d'un peuple sémitique. La longue lutte qui avait divisé les Hétéens et les Sémites était terminée; ces derniers avaient triomphé, et les Hétéens étaient repoussés dans les montagnes, d'où ils étaient descendus.

Ce ne fut pas sans peine. L'année qui suivit la soumission de Karkemish vit Sargon aux prises avec une grande ligue des peuples du Nord, ceux de Meshech, de Tubal, de Mélitène et autres sous le commandement du roi d'Ararat [2]. La ligue toutefois fut dissoute dans

---

[1] Ins. des Annales, v^e campagne (N. T.).
[2] *Ibid.*, vi^e campagne (N. T.).

une bataille décisive; le roi d'Ararat se donna la mort, et, en moins de trois ans, la Commagène fut annexée à l'empire assyrien. Les Sémites de Ninive avaient conquis la suprématie du monde oriental.

Les Assyriens appelaient Ararat le district voisin du lac de Van ainsi que le pays qui se trouve au Sud. Ce fut plus tard qu'on donna, par extension, cette appellation à la région du Nord, de sorte que le mont Ararat moderne porta un nom qui appartenait primitivement à la chaîne des montagnes du Kurdistan du Sud. Toutefois, Ararat n'était pas le nom primitif du pays; c'était celui de *Biainas* ou *Bianas*, qui survit encore dans la dénomination du lac de Van. De nombreuses inscriptions sont répandues dans la contrée; elles sont écrites en caractères cunéiformes empruntés au style ninivite du temps d'Asur-nazir-habal ou de son fils Salmanasar; mais elles sont conçues dans un idiome qui n'a aucune analogie avec celui de l'Assyrie [1]. Elles relatent l'érection de temples et de palais, des offrandes faites aux dieux et les campagnes du pays de Van. Parmi ces dernières, il est fait mention de guerres contre les *Khâte* ou Hétéens.

La première de ces campagnes fut dirigée par un roi appelé Menuas, qui régnait au IXe siècle avant notre ère. Il parcourut le pays d'Alzi, et entra dans le pays des Hétéens. Là, il saccagea les villes de Surisilis et de Tarkhi-gamas, qui appartenaient au prince

---

[1] Voy. Sayce, *Journal of the royal Asiatic Society*, vol. XIV, part IV (New series), art. XXIII, pp. 377-733 (N. T.).

hétéen Sada-halis, et il fit captifs un grand nombre de soldats, qu'il destina au service du dieu Khaldis. Dans une autre circonstance, il s'avança jusqu'à la ville de Malatiyeh, et après avoir traversé le pays des Hétéens, il fit graver sur les rochers de Palu une inscription commémorative de ses conquêtes. Palu est situé sur la rive Nord de l'Euphrate, à peu près à moitié chemin entre Malatiyeh et Van, et comme cette localité se trouve à l'Est de l'ancien district d'Alzi, nous pouvons nous former une idée exacte de la position géographique qu'occupaient les Hétéens de Menuas. Son fils et successeur, Argitis Ier, fit de nouveau la guerre contre eux, et nous apprenons, par une de ses inscriptions, que la ville de Malatiyeh elle-même fut comprise au nombre de leurs forteresses. « Le Pays des Hétéens », suivant les récits des rois de Van, s'étendait le long des bords de l'Euphrate, depuis Palu, à l'Est, jusqu'à Malatiyeh, à l'Ouest.

Les Hétéens, connus par les monuments assyriens, vivaient au Sud-Ouest de la région comprise depuis la Commagène jusqu'à Karkemish et Alep. Les récits égyptiens les font descendre encore plus au Sud jusqu'à Kadesh sur l'Oronte, tandis que l'Ancien Testament en reporte le nom à l'extrémité Sud de la Palestine. Il est évident qu'il faut voir dans les tribus hétéennes les restes d'une race primitivement établie dans les chaînes du Taurus, et qui s'était hazardée à se fixer ensuite dans les plaines et les vallées brûlantes de la Syrie et de la Palestine. Ces tribus appartenaient originairement à l'Asie-

Mineure, et non à la Syrie ; la conquête seule leur donna le droit de prendre le nom de syriennes. Leur nom véritable était celui d'hétéennes ; soit que ces tribus vécussent dans le pays de Juda ou sur l'Oronte, à Karkemish ou dans le voisinage de Palu, c'était le titre sous lequel elles étaient connues. Nous devons considérer comme un nom national cette appellation qui leur était attribuée dans leurs conquêtes et leurs migrations, et qui les désignait comme un peuple distinct des autres races du monde oriental. Il est temps maintenant de voir ce que leurs propres monuments vont nous apprendre, et l'influence qu'ils ont exercée sur l'histoire de l'humanité.

BAS-RELIEF TROUVÉ A MARASCH

III

LES MONUMENTS HÉTÉENS

Par une chaude et radieuse matinée de septembre (1879), je quittai la petite ville de Nymphi, près de Smyrne, et, accompagné d'une forte escorte de soldats turcs, je me dirigeai vers le défilé de Karabel[1]. Ce défilé forme une gorge étroite, fermée de chaque côté par des rochers élevés et traversée par l'ancienne route qui vient d'Ephèse, au Sud, et se dirige vers Sardes et Smyrne, au Nord. Hérodote nous apprend que le conquérant égyptien, Sésostris, avait laissé en

---

[1] Voy. *Trans. of the Soc. of Bibl. Arch.*, vol. VII, p. 265.

ces lieux mêmes un souvenir de son passage (II, 106). « Deux images taillées dans le roc, d'après ses ordres, se voyaient sur les routes qui conduisent d'Éphèse à Phocée et de Sardes à Smyrne. De chaque côté est sculpté un personnage d'un peu plus de trois pieds de haut; il tient une lance de la main droite et un arc de la gauche. Le reste de son équipement est de même, en partie égyptien et en partie éthiopien. Sur la poitrine, d'une épaule à l'autre, est gravée une inscription en caractères égyptiens ainsi conçue : « J'ai conquis ce pays par la force de mes épaules. »

Les deux bas-reliefs étaient le but de mon voyage. L'un d'eux avait été découvert par Renouard, en 1839, et esquissé peu après par Texier[1]; l'autre avait été trouvé par le Dr Beddoe, en 1856. Mais les visiteurs du défilé où ils sont situés étaient peu nombreux et n'y venaient qu'à de longs intervalles. Les rochers d'alentour étaient le repaire favori des brigands; si bien qu'on avait estimé qu'une escorte de trente soldats était à peine suffisante pour nous protéger, et mon œuvre d'exploration fut menée à bonne fin, grâce aux fusils qui tenaient en respect plus de vingt bandits cachés dans les halliers.

Le bas-relief dessiné par Texier fut ensuite photographié par M. Svoboda. Il représente un guerrier de taille au-dessus de la nature et qui s'avance

---

[1] Texier, *Description*, t. II, pp. 302-308, pl. 132, et *Asie-Mineure. Description géographique, historique et archéologique des provinces et des villes de la Chersonèse d'Asie*, ch. XXII, pp. 260 et suiv. (N. T.).

de profil, le pied en avant, dans l'attitude de quelqu'un qui marche. De la main droite il tient une lance; un arc est jeté derrière l'épaule gauche. Il est vêtu d'une tunique qui descend jusqu'aux genoux, et ses pieds sont chaussés de souliers aux bouts recourbés. Le personnage entier est taillé en relief dans une niche qui rappelle la forme d'un pylône, et, entre la lance et la figure, on lit trois lignes en caractères hiéroglyphiques. Le guerrier dirige son regard vers le Sud; il est sculpté sur le flanc du rocher Est de Karabel.

On avait reconnu depuis longtemps que les hiéroglyphes n'étaient pas égyptiens. M. G. Perrot[1] avait également appelé l'attention sur la ressemblance frappante qui existe entre l'art représenté par ce bas-relief et celui de certaines sculptures rupestres de la Cappadoce, par exemple, l'image du guerrier découverte par le savant voyageur dans un lieu appelé *Giaour-Kalessi*, « le château de l'infidèle[2] », semblable comme forme et comme caractère au guerrier de Karabel.

Quelle fut l'origine de cet art, et quel fut le peuple que ces vestiges rappellent? Telle était la question fort incertaine qui se posait au début des recherches. Quelques semaines avant ma visite au défilé de Ka-

---

[1] *Le bas-relief de Nymphi (Revue archéologique*, nouvelle série, t. XIII). — (N. T.)

[2] *Exploration archéologique*, itinéraires, feuille F. — Ghiaour-Kalessi est situé dans la province d'Haïmaneh, à neuf heures au Sud-Ouest d'Ancyre, près du petit village d'Hoïadja (N. T.).

rabel[1], j'annonçais que j'étais arrivé à prouver que cet art était hétéen, et que l'on acquerrait la certitude que les hiéroglyphes accompagnant la figure, si l'on prenait la peine de les étudier, étaient des caractères hétéens. Le but de ma visite au défilé était de vérifier l'exactitude de cette hypothèse.

Voyons maintenant comment j'étais arrivé à cette conclusion. L'histoire en est longue, et pour la faire bien comprendre, il faut quitter le défilé de Karabel et nous transporter dans l'Asie-Mineure Occidentale, à Hamath, emplacement de l'antique Hamath[2]. C'est dans cette localité que fut faite la première découverte qui permit peu à peu de réédifier l'empire hétéen et de reconnaître le rôle important qu'il avait joué jadis dans l'histoire du monde civilisé.

Déjà, au commencement de ce siècle (1812), le grand voyageur Burckhardt avait remarqué un bloc de basalte noir, couvert d'étranges hiéroglyphes, enfoui dans les murs d'une maison de l'un des bazars d'Hamath[3]; mais cette découverte avait été oubliée, et les résidents européens, ainsi que les voyageurs qui visitaient la ville, étaient convaincus que l'on n'y pouvait trouver « aucune espèce d'antiquités ».

Cependant, soixante ans plus tard, quand l'*American Palestine Exploration Society* commença

---

[1] *Academy*, 16 août 1879.

[2] Fondée par les Phéniciens (?), elle porta le nom d'*Hamath* dans l'Ecriture et celui d'*Epiphania*, comme ville principale de l'*Apamée;* la localité moderne d'*Hamath* est très florissante (N.T.).

[3] *Travels in Syria*, p. 146.

ses premiers travaux, le consul américain, M. Johnson, et un missionnaire américain, M. Jessup, rencontrèrent par hasard cette pierre, et apprirent ensuite que trois pierres recouvertes d'hiéroglyphes semblables existaient à Hamath; on attribuait à l'une d'elles, d'une très grande dimension, des vertus curatives. Les malades atteints de rhumatismes, musulmans ou chrétiens, avaient l'habitude de s'étendre dessus, croyant fermement que leurs douleurs étaient absorbées par la pierre. Les autres blocs sculptés étaient l'objet d'une égale vénération, sentiment qui ne fit que s'accroître, quand on sut qu'elles étaient convoitées par les Francs; si bien que les deux Américains ne purent arriver à les voir toutes, moins encore à prendre la copie des inscriptions qui les recouvraient. Ils durent se contenter d'essais chétifs de reproduction, exécutés par un peintre indigène. L'une de ces esquisses fut publiée plus tard en Amérique. Cette publication servit à éveiller l'intérêt des savants au sujet des inscriptions récemment découvertes, et des efforts furent tentés par Sir Richard Burton et certains autres pour s'en procurer des épreuves correctes. Ce fut en vain toutefois, et il est probable que le fanatisme ou l'avidité du peuple d'Hamath aurait résisté victorieusement à toutes les tentatives faites pour obtenir des copies fidèles, si un heureux hasard n'eût amené en ces lieux le Dr William Wright. On peut dire que c'est à son énergie et à son dévoûment qu'est due la conservation de ces restes précieux de la littérature hétéenne. « Le 10 novembre

1872, dit-il, je partis de Damas pour m'assurer des inscriptions de Hamath. La Sublime-Porte, pleine d'un beau zèle, avait nommé gouverneur de la Syrie un fort honnête homme, Subhi-Pacha ; celui-ci tenait à honneur de se montrer à la hauteur de sa tâche ; et non content de redresser les torts qui parvenaient à sa connaissance, il avait résolu de visiter lui-même les districts de sa province, afin de pouvoir réprimer le mal et connaître à fond les besoins du peuple. Il m'invita à l'accompagner à Hamath ; j'acceptai cette offre avec plaisir. » Le Dr Wright et M. Green, consul d'Angleterre, se joignirent à la petite troupe du Pacha. Craignant que le même sort qui était arrivé à la stèle moabite ne devint celui des pierres d'Hamath, et que ces dernières ne fussent brisées dans le but de les soustraire aux Européens, le Dr Wright engagea Subhi-Pacha à les acheter et à les envoyer comme cadeau au musée de Constantinople. Quand cette nouvelle se répandit dans Hamath, il s'éleva des murmures contre le Pacha, et il fut nécessaire, non seulement de faire appel à la cupidité et à la pusillanimité des possesseurs des pierres, mais encore de mettre ces dernières, la nuit qui précéda le travail de déplacement, sous la protection d'une garde de soldats. Le Dr Wright passa cette nuit-là dans de mortelles angoisses ; toutefois, quand le jour parut, les pierres étaient encore intactes, et l'on procédait au travail de déplacement. Cette besogne fut confiée à une troupe d'individus qui faisaient retentir l'air de cris perçants. On fut obligé de dégager deux de ces pierres des murs mêmes de maisons habitées; l'une d'elles était si grande qu'il fallut les efforts de cinquante hommes et de quatre bœufs, pendant une journée entière, pour la transporter à un mille de là !

Les autres pierres étaient fendues en deux ; les parties recouvertes d'inscriptions furent portées à dos de chameau dans la cour du palais du gouverneur. Là, on put les nettoyer et les copier à loisir et en toute sûreté ; mais ce nettoyage occupa la plus grande partie de deux journées. Il fallut ensuite faire les moulages des inscriptions avec du gypse, apporté du voisinage par quelques indigènes, qu'on avait gagnés à force de présents. Le travail fut enfin achevé, et le Dr Wright eut la satisfaction d'envoyer en Angleterre deux séries de moulages de ces textes anciens et mystérieux, l'un pour le Musée britannique, l'autre pour la *Palestine Exploration Fund*, pendant qu'on déposait les originaux au Musée de Constantinople [1].

Le moment était venu de s'enquérir de la signification de ces textes et d'en rechercher les auteurs.

Le Dr Wright suggéra, tout d'abord, que c'était l'œuvre des Hétéens et des spécimens de l'écriture hétéenne [2]. Cette hypothèse hardie fut ensevelie dans les pages d'un périodique, mieux connu des théologiens que des orientalistes, et l'on s'accorda

---

[1] Salomon Reinach, *Catalogue du musée impérial d'antiquités*, 1882, p. 83 (N. T.).

[2] M. Wright déclare que, lorsqu'il suggéra que ces inscriptions étaient hétéennes, son hypothèse fut accueillie *magno cum risu*. — Voy. Wright, *Empire of the Hittites*, ch. IX, p. 124 (N. T.).

à donner à cette écriture le nom de *Hamathéenne*. Elle attira spécialement l'attention du Dr Hayes Ward, de New-York, qui découvrit que les inscriptions étaient écrites à la manière *boustrophédon*, c'est-à-dire que les lignes retournaient de droite à gauche, et de gauche à droite, comme le bœuf quand il laboure un champ, la première ligne commençant à droite et la ligne suivante à gauche. Les lignes se lisaient, par le fait, *d'après le sens des caractères*.

Le Dr Hayes Ward fit en même temps une autre découverte. Dans les ruines du grand palais de Ninive, Sir A. H. Layard avait recueilli de nombreuses empreintes d'argile, jadis attachées à des documents en papyrus ou en parchemin. Le papyrus et le parchemin avaient disparu depuis longtemps; mais les sceaux subsistaient, ainsi que les trous à travers lesquels étaient passés les liens qui les rattachaient à l'acte. Quelques sceaux étaient assyriens, d'autres, phéniciens ou égyptiens; mais certains portaient d'étranges caractères, comme on n'en avait pas encore rencontré jusqu'alors. Ce sont ces caractères que le Dr Hayes Ward assimila à ceux qui se rencontrent sur les pierres d'Hamath, et l'on supposa que ces sceaux étaient d'origine hamathéenne.

En 1876, deux ans après la publication de l'article du Dr Wright, dont je n'avais pas entendu parler à cette époque-là, je lus un mémoire[1] sur les inscrip-

---

[1] *On the Hamathite inscriptions*, mémoire lu le 2 mai 1876. — Voy. *Trans of the Soc. of bibl. Arch.*, vol. V, pp. 22, 32. 1887. (N. T.)

tions hamathéennes devant la Société d'Archéologie biblique. J'y avançais bon nombre de conjectures : l'une sur les hiéroglyphes d'Hamath, dans lesquels je voyais l'origine du curieux alphabet employé pendant des siècles dans l'île de Cypre; l'autre sur ces mêmes hiéroglyphes que je ne considérais pas comme l'œuvre des habitants primitifs d'Hamath, mais comme le système graphique employé par les Hétéens. Nous savons, d'après les Égyptiens, que les Hétéens connaissaient l'usage de l'écriture, et qu'il existait chez eux une classe de scribes et de lettrés ; de plus, puisque Hamath était si près des frontières des royaumes hétéens, il semblait raisonnable de supposer que le système inconnu de l'écriture découverte sur son emplacement était hétéen plutôt que hamathéen. Cette conjecture fut confirmée presque immédiatement par la découverte du site de Karkemish, la grande capitale hétéenne, et celle d'inscriptions rédigées à l'aide du même système graphique que celui des pierres d'Hamath.

On ne fut pas longtemps à reconnaître que les hiéroglyphes nouvellement mis en lumière étaient la propriété exclusive de la race hétéenne. Le Dr Hayes Ward fut un des premiers à se rallier à cette théorie, et les *Trustees* du Musée britannique résolurent de procéder à des fouilles régulières sur l'emplacement de Karkemish. En même temps, l'attention était appelée sur un fait qui montrait que les caractères hétéens, ainsi que nous les appellerons désormais, étaient employés non seulement à Hamath et à Karkemish, mais encore dans certaines parties de l'Asie-Mineure.

Il y a plus d'un siècle, un voyageur allemand avait remarqué deux grands personnages sculptés sur la paroi d'un rocher, près d'Ibreez ou Ivris, sur le territoire de l'antique Lycaonie ; l'un représentait un dieu tenant à la main un épi de blé et une grappe de raisin, l'autre un individu debout devant cette divinité, dans l'attitude de l'adoration. Les deux personnages étaient chaussés de bottines aux bouts recourbés ; le dieu portait une tunique descendant aux genoux, et sa tête était coiffée d'une tiare conique garnie de cornes. Un siècle s'écoula avant que ce bas-relief ne fut visité par des Européens, et ce fut enfin un voyageur allemand qui revint en ces lieux. A cette époque, on fit un croquis du bas-relief, qui fut publié par Ritter, dans son grand ouvrage sur la géographie du monde[1] ; mais ce dessin était chétif et imparfait. La première bonne reproduction de l'original est due au Rev. E.-J. Davis, en 1875[2]. Il la publia, l'année suivante, dans les *Transactions* de la Société d'Archéologie biblique, avec une description du monument. Il avait remarqué que les figures étaient accompagnées des caractères connus alors sous le nom d'hamathéens. Il y avait trois lignes entre le bras et la figure du dieu et quatre autres derrière *l'adorant,* tandis que, plus bas, de niveau avec un aqueduc qui alimentait un moulin,

---

[1] *Kleinasien*, t. I, pl. 3 (N. T).

[2] *On a new hamathite inscription.* — Dans la *Trans. of the Soc. of bibl. Arch.*, t. IV, part 2, pp. 336-346, 1876 (N T.).

BAS-RELIEF HÉTÉEN A KELLER, PRÈS D'AÏNTAB
(D'après une photographie)

se trouvaient encore plusieurs hiéroglyphes à moitié effacés. Il était évident qu'en Lycaonie le système hétéen avait été jadis employé, et nous savons que la langue antique y était encore en usage au temps de saint Paul. (Actes des Apôtres, xiv, 7.)

Une autre pierre recouverte de caractères hétéens avait été mise au jour à Alep[1]. Comme celle d'Hamath, elle était en basalte noir et avait été encastrée dans un mur moderne ; les caractères étaient à moitié effacés. La population d'Alep croyait que quiconque s'y frottait les yeux était immédiatement guéri de l'ophthalmie. On fit plusieurs copies de l'inscription ; mais la difficulté de distinguer les caractères à moitié effacés rendait ces copies presque inutiles, et l'on allait entreprendre un moulage de la pierre lorsqu'on apprit que les fanatiques d'Alep avaient détruit ce document. Ils avaient préféré le briser plutôt que de permettre que son efficacité leur fut dérobée, — volée, pensaient-ils, par les Européens. — C'est encore un des trop nombreux monuments qui ont péri, alors que leur importance venait d'être reconnue !

Tel était l'état de nos connaissances dans l'été de 1879. Nous savions que les Hétéens, avec lesquels les Hébreux, les Égyptiens et les Assyriens avaient été jadis en contact, possédaient un système d'écriture hiéroglyphique, et que ce système se retrouvait sur les monuments d'Hamath, d'Alep, de

---

[1] Très ancienne localité dont on trouve la mention dans les inscriptions assyriennes.—Voy. F. Delitzsch, *Wo lag das Paradies*, p. 275 (N. T.).

Karkemish et de la Lycaonie. Nous savions également qu'il accompagnait, en Lycaonie, des scènes d'un art nouveau, représentant des personnages vêtus d'un costume singulier.

Tout à coup la vérité se fit jour en moi. Cet art nouveau, cette coiffure bizarre accusaient les mêmes caractères que ceux qui distinguaient les sculptures de Karabel, de Giaour-Kalessi et de la Cappadoce.

Nous y retrouvions les mêmes traits, la même coiffure, les mêmes souliers, les mêmes tuniques, enfin ce quelque chose de lourd dans le dessin et de gauche dans l'attitude qui nous avait frappé. Les scènes sculptées sur les rochers de Karabel et de la Cappadoce devaient être des monuments de l'art hétéen ! Leur origine et leur histoire étaient enfin découvertes ; le berceau de l'art étrange qui les avait produites était retrouvé. Quelques recherches achevèrent de rendre le fait absolument certain. Au nombre des photographies prises par M. G. Perrot, d'après les monuments de Boghaz-Keui, en Cappadoce, on remarquait une inscription de dix ou onze lignes. Les caractères étaient usés et presque illisibles, mais ils étaient taillés en relief, comme les caractères de toutes les autres inscriptions hétéennes connues à cette époque, et l'on distinguait facilement deux ou trois hiéroglyphes identiques à ceux des pierres d'Hamath et de Karkemish. Il importait, pour compléter la vérification de ma découverte, de visiter le défilé de Karabel et de voir si les hiéroglyphes retrouvés par Texier et les autres voyageurs appartenaient également à l'alphabet hétéen.

Je passai plus de trois heures dans la niche qui abrite le personnage considéré par Hérodote comme un portrait du prince égyptien Sésostris. Il était tout

BAS-RELIEF DE KARABEL

aussi nécessaire de prendre des « estampages » que de faire des copies, si je voulais retrouver les caractères de l'inscription et m'assurer de leur forme exacte. Ma joie fut grande de découvrir qu'ils étaient hétéens, et que la conclusion à laquelle j'étais arrivé chez moi, dans mon cabinet de travail, était confirmée par l'examen du monument lui-même. Le Sésostris d'Hérodote représente, non le grand Pharaon qui combattit les Hétéens à Kadesh, mais le symbole de la puissance et de l'influence de ses redoutables antagonistes. On prouvait ainsi que l'art hétéen et l'écriture hétéenne, sinon l'appellation d'hétéenne, avaient été connus des bords de l'Euphrate aux rives de la mer Egée.

Le guerrier de Karabel s'élève au fond d'une niche creusée dans la paroi du rocher à une hauteur considérable au-dessus du chemin, et la direction dans laquelle il s'avance est celle qui l'aurait conduit à Ephèse et au Méandre. Son compagnon se trouve plus bas, le bloc de pierre dans lequel il a été taillé ayant été apparemment détaché des rochers par un tremblement de terre. C'est le duplicata du premier. Tous deux ont la même attitude et portent les mêmes souliers aux bouts recourbés; enfin, ils sont armés, l'un et l'autre, d'une lance et d'un arc. Le second personnage a beaucoup souffert du vandalisme des hommes. La partie supérieure a été martelée à dessein. Il n'y avait pas longtemps que la tente d'un Yuruk avait été appuyée contre le bloc de pierre dans lequel se trouve le vieux guerrier et que la niche avait servi de foyer confortable à la famille du nomade. Il ne reste aucune trace d'inscription, si jamais il y en a eu; elle n'aurait pu, d'ailleurs, avoir été gravée sur la poitrine, comme l'affirme Hérodote. De toutes façons, la description des deux personnages faite par cet auteur ne saurait être celle d'un témoin oculaire. Au lieu d'avoir à peine trois pieds de haut, les personnages sont au-dessus de la grandeur naturelle; et ne tiennent pas la lance de la main droite, mais de la gauche. Leur habillement, de plus, n'a rien d'égyptien ni d'éthiopien, et l'inscription n'est pas tracée sur la poitrine, mais entre la figure et le bras. L'historien grec n'a pas été plus exact, en disant que le défilé, dont les deux guerriers semblent garder le passage, ne conduit pas seulement d'Éphèse à Phocée, mais aussi de Sardes à Smyrne. C'est après avoir gagné l'extrémité nord du défilé que la route qui le traverse, le *Karabel-déré*, — ainsi appelé par les Turcs, — rejoint le *Belkaive*, c'est-à-dire la route de Sardes à Smyrne. Il est évident qu'Hérodote tenait la description des personnages d'une autre source, quoique l'identification qu'il en a faite avec l'Égyptien Sésostris lui appartienne en propre.

On a découvert, non loin de Karabel, un autre monument de l'art hétéen. Près de la ville de Magnésie, sur les rochers escarpés du Sipyle, se trouve une étrange figure sculptée dans le roc. Elle représente une femme assise sur un trône, au fond d'une niche artificielle; de longues boucles flottent sur ses épaules et un fleuron pareil à un bouton de lotus orne son front. Les historiens lydiens racontaient que c'était l'image de la fille d'Assaon, qui avait cherché la mort en se jetant dans un précipice; mais la légende grecque préféra y voir la figure de la « pleurante Niobé » changée en pierre. Déjà Homère avait raconté comment Niobé, quand ses douze enfants furent tués par les dieux, « maintenant changée en pierre (pleure) les malheurs que les dieux lui ont infligés, au milieu des rochers, dans les montagnes solitaires, sur le Sipyle, où l'on dit que résident les chœurs des nymphes qui dansent sur les bords de l'Akhéloios ». Mais ce ne fut qu'après l'établissement des Grecs en Lydie que le vieux monument du Mont Sipyle fut considéré comme l'image de Niobé. Le rocher en calcaire, dans lequel cette image avait été taillée, était détrempé par les pluies, et comme l'eau, en coulant sur la figure de la statue, attaquait et effritait la pierre, les Grecs y voyaient pieusement la Niobé de leur mythologie. La statue était à l'origine celle de la Grande-Déesse de l'Asie-Mineure [1], connue parfois sous le nom de Cybèle ou autres appellations. Il est difficile, pour quelqu'un qui a vu l'image de Nofert-ari, l'épouse favorite de Ramsès II, assise dans la niche taillée dans les parois des rochers d'Abu-Simbel, de ne pas croire que le sculpteur de la statue du mont Sipyle avait visité le Nil. A une petite distance, toutes deux ont la même apparence, et quoique l'œuvre de l'artiste égyptien soit supérieure à celle du Lydien, un examen plus approfondi montre qu'elles se ressemblent d'une manière frappante. Toutefois nous savons maintenant que la Niobé du Sipyle doit son origine à l'art hétéen. Le Dr Dennis a découvert un cartouche contenant des caractères hétéens gravés sur la paroi du rocher dans lequel est creusée la niche au fond de laquelle la

---

[1] Pausanias, liv. III, ch. xxii (N. T.).

déesse est assise. En ajustant des échelles, nous réussîmes, M. Dennis et moi, à prendre quelques estampages des hiéroglyphes. Au nombre de ces derniers, on remarque un caractère qui a la signification de « roi »[1].

Comment ces créations de l'art hétéen et ces caractères sont-ils parvenus dans une région aussi éloignée de celle dans laquelle s'élevèrent et fleurirent les royaumes hétéens? Comment se fait-il que nous trouvons l'image de guerriers hétéens aussi bien dans le défilé de Karabel que sur les rochers de Ghiaour-Kalessi, et la statue d'une déesse hétéenne au milieu des solitudes du Sipyle? Quelle fut la main qui grava les hiéroglyphes qui les accompagnent, et qui sont identiques à ceux que nous relevons sur les pierres d'Hamath et de Karkemish? Il nous reste maintenant à faire connaître les réponses que l'on peut faire à ces nombreuses questions.

---

[1] Une copie de l'inscription, d'après l'estampage, est donnée dans les *Trans. of the Soc. of bibl. Arch.*, VII, p. 3, pl. v. Un croquis fait par le Docteur Dennis au moment de la découverte du cartouche a été publié dans les *Proceedings* de la Société en janvier 1881.

STÈLE ROYALE TROUVÉE A KARKEMISH

IV

L'EMPIRE HÉTÉEN

Nous avons vu que les monuments égyptiens témoignent de l'étendue de l'empire hétéen jusqu'aux régions lointaines de l'Asie-Mineure. Quand les rois de Cadesh entraient en lutte avec le grand Pharaon de la Servitude, ils pouvaient appeler à leur aide des alliés de la Troade aussi bien que de la Lydie et des bords de la mer de Cilicie. Un siècle plus tard, l'Égypte fut envahie de nouveau par une ligue formée en partie par les princes de Karkemish et d'Alep, en partie par les Libyens, les Teucriens et les populations de l'Asie-Mineure. Si l'on peut ajouter foi aux identifications proposées par les égyptologues, au sujet des pays où se recrutaient ces contingents, il est évident que des vestiges de la puissance et de la conquête hétéennes devaient se retrouver en Asie-Mineure.

Or, ces vestiges, en effet, ont été mis au jour dès que l'on a reconnu que les curieux monuments d'Asie-

Mineure, tels que les guerriers de Karabel et les sculptures d'Ibreez avaient été réellement inspirés par l'art hétéen, et qu'on a su que l'art représenté par ces monuments et la forme spéciale de l'écriture qui les accompagnait tiraient leur origine des villes syriennes peuplées de tribus hétéennes. Dès lors, une lumière nouvelle jaillit sur le passé préhistorique de l'Asie-Mineure.

Les restes des monuments hétéens s'étendent sur deux lignes ininterrompues, depuis la Syrie du Nord et la Cappadoce jusqu'à l'extrémité occidentale de la péninsule, et suivent les deux grandes voies qui conduisaient jadis à Sardes et aux rives de la mer Egée. Au Sud, ces monuments forment une série de stations, à Ibreez et à Bulgar-Maden en Lycaonie, à Fassiler et à Tyriaion, entre Iconium et le lac de Beyshehr, et finalement dans le défilé de Karabel! Au Nord, la ligne traverse le Taurus par Marasch, et nous amène d'abord au défilé de Ghourun, et ensuite aux grandes ruines de Boghaz-Keui et d'Euyuk, en Cappadoce; de là, nous passons par Giaour-Kalessi et les sépultures des anciens rois de Phrygie, pour revenir à la capitale lydienne et au défilé de Karabel.

A l'Ouest de l'Halys et de la Cappadoce, les ruines offrent certaines particularités et se trouvent soit dans le voisinage des mines d'argent, comme celles de la Lycaonie, soit sur le tracé des anciennes routes qui aboutissaient en Lydie. On n'en a découvert aucune sur le plateau central de l'Asie-Mineure, dans les montagnes de la Lydie au Sud, ou au Nord, en suivant le littoral. Elles marquent l'emplacement des petites colonies ou le tracé des voies antiques qui les reliaient. De plus, excepté la statue assise du mont Sipyle, les monuments occidentaux représentent des guerriers en marche, comme à Karabel, à Giaour-Kalessi, où le rocher sur lequel sont sculptés les deux soldats hétéens s'élève à côté des restes d'une forteresse préhistorique.

Ces faits n'admettent qu'une seule explication. Les monuments hétéens de l'Asie-Mineure Occidentale sont des souvenirs de conquête et de suprématie militaire. L'artiste doit avoir eu en vue les symboles visibles de la puissance hétéenne dans l'image des guerriers du défilé de Karabel, qui montraient ainsi que les Hétéens avaient gagné et gardé le défilé par la force des armes. Ce sont des emblèmes de conquête, non des créations de l'art indigène.

Les Hétéens ne pouvaient pas apporter avec eux la culture et l'art qu'ils avaient acquis en Orient, sans exercer une influence véritable sur les populations barbares dont ils réclamaient la suzeraineté. Les chefs vassaux de la Lydie et de la Troade ne menaient pas leurs troupes en Syrie et ne prenaient pas une part active à l'invasion de l'Égypte, sans retirer quelques enseignements de l'antique civilisation avec laquelle ils se trouvaient en contact. Les Hétéens, par le fait, doivent être considérés comme les premiers maîtres des grossières populations de l'Occident. Ils leur apportèrent une civilisation dont les éléments leur avaient été inspirés par les Babyloniens, et ils y joignirent une écriture dont les indigènes de l'Asie-Mineure tirèrent ensuite, selon toute probabilité, le système graphique qu'ils se sont approprié.

Il est donc possible que quelques-uns des monuments hétéens de l'Asie-Mineure soient l'œuvre, non des Hétéens eux-mêmes, mais des populations indigènes qu'ils avaient civilisées et instruites, comme on peut en juger d'après les sculptures rupestres d'Ibreez, sur lesquelles le Dieu et son adorateur ont le type juif différent de celui des individus qu'on trouve sur des ruines d'origine purement hétéenne. Toutefois, sauf ces exemples où le travail est dû à l'influence des Hétéens plutôt qu'à leurs artistes, il est certain que la plupart des ruines hétéennes de l'Asie-Mineure sont des productions des Hétéens eux-mêmes. Ce fait est prouvé par les hiéroglyphes qui les accompagnent, par le type uniforme des traits et de l'habillement qui s'impose depuis Karkemish jusqu'à la mer Egée. Cette uniformité et la ressemblance extraordinaire des caractères gravés à Karabel ou au mont Sipyle, avec ceux que nous avons relevés dans les inscriptions de Hamath et de Karkemish, ne peuvent s'expliquer qu'à l'aide de l'hypothèse qui attribue ces monuments à des hommes appartenant à la même race et parlant le même langage. Toutes les fois que se présentent des inscriptions hétéennes, nous y retrouvons les mêmes combinaisons d'hiéroglyphes et l'emploi des mêmes caractères comme suffixes grammaticaux.

Nous sommes donc sûrs que l'existence d'un vaste empire hétéen en Asie-Mineure est attestée, non seulement par les annales de l'antique Égypte, mais aussi par les monuments hétéens qui subsistent encore. Au temps de Ramsès II, quand les enfants d'Israël gémissaient sous les corvées qui leur étaient imposées, les ennemis de leurs oppresseurs exerçaient déjà un pouvoir et une domination rivalisant avec l'Égypte. Le monarque égyptien apprit bientôt à ses dépens que le prince hétéen était un aussi « grand » roi que lui-même, et qu'il pouvait appeler à son aide les habitants des régions inconnues du Nord. Le droit de suzeraineté du Pharaon lui fut contesté par des adversaires aussi puissants, sinon plus puissants, et il y avait toujours chez ceux-ci un asile pour les victimes opprimées par le despote égyptien.

Cependant, quand nous parlons d'un empire hétéen, il faut bien comprendre ce que nous voulons dire par ce mot. Ce n'était pas un empire comme celui de Rome, où les provinces réduites étaient unies par un gouvernement central, obéissant aux mêmes lois et à la même autorité. Ce n'était pas non plus un empire comme celui des Perses ou des successeurs assyriens de Tuklat-paī-Asar III, qui représentait l'union organisée d'états et de nations sous un seul chef. Cette conception est due à Tuklat-pal-Asar III et à son successeur Sargon. C'était une nouvelle idée qui n'avait jamais été encore réalisée. Le premier empire assyrien, comme l'empire étranger de l'Égypte, eut un caractère tout différent. Il reposait sur la force militaire et personnelle du monarque ; ainsi, tant que les rois d'Assyrie et d'Égypte pouvaient conduire leurs armées dans les pays éloignés et forcer les habitants à payer tribut et à rendre hommage, leur puissance s'étendait sur eux ; mais à peine étaient-ils revenus chargés de butin dans leur capitale, que les populations soumises reniaient leur serment et reprenaient leur indépendance. La mort du conquérant amenait presque toujours le soulèvement général des tribus et des villes subjuguées par ses armes. Avant Tuklat-pal-Asar, le mot d'Empire signifiait, dans l'Asie Occidentale, la puissance d'un prince qui obligeait un peuple étranger à se soumettre à sa domination. Il fallait recommencer sans cesse à dompter les provinces conquises, et l'empire n'existait que tant que le conquérant pouvait se faire respecter et que les luttes pour la liberté pouvaient être comprimées.

Ce fut un empire de cette sorte que les Hétéens établirent en Asie-Mineure. Nous ne saurions dire combien il dura, mais il exista certainement aussi longtemps que les peuples occidentaux répondirent aux appels guerriers des princes hétéens. Le fait que les tribus de la Troade et de la Lydie combattirent sous le commandement des rois hétéens de Kadesh, prouve qu'elles reconnaissaient la suprématie de leurs maîtres hétéens et qu'elles les suivaient à la guerre, comme les vassaux d'un chef féodal. Si les armées hétéennes ne s'étaient pas avancées jusqu'aux bords de la mer Égée, si les princes hétéens n'avaient pu, de temps en temps, recevoir l'*hommage* des nations des contrées les plus éloignées, l'Égypte n'aurait pas été forcée de lutter contre les populations de l'Asie-Mineure dans les guerres contre les Hétéens. Ceux-ci n'auraient pas sculpté leurs guerriers sur les rochers de Karabel. Il fut un temps où le nom hétéen était redouté jusqu'à l'extrémité occidentale de l'Asie-Mineure, alors que les satrapes hétéens avaient leur résidence dans la future capitale de la Lydie.

Les traditions de cette période se prolongèrent jusqu'à l'époque classique. L'ancienne dynastie des rois lydiens tirait son origine de Bel et de Ninus, les dieux babyloniens et assyriens dont les noms avaient été apportés par les Hétéens en Occident. — La fable racontait que le héros lydien Kayster, qui donna son nom à la plaine Kaystrienne, erra en Syrie, et qu'après avoir recherché l'alliance de Sémiramis, il devint le père de Derkéto, la divinité de Karkemish. On disait même qu'un Lydien avait noyé Derkéto dans le lac salé d'Ascalon, et Eusèbe déclare que Sardes, la capitale lydienne, fut prise la première fois (1078 avant J.-C.) par une horde d'envahisseurs venus des régions N.-O. de l'Asie.

C'est dans la fameuse légende des Amazones qu'il faut rechercher le témoignage conservé par l'antiquité classique de l'influence jadis exercée par les Hétéens dans l'Asie-Mineure. On supposait que les Amazones formaient une nation de femmes guerrières dont la demeure primitive se trouvait en Cappadoce sur les bords du Thermodon, non loin des ruines de Boghaz-Keui. De là elles s'étaient élancées à la conquête des peuples de l'Asie-Mineure, et avaient fondé un empire qui s'étendait jusqu'à la mer Égée. On leur attribuait l'érection de la plupart des villes fameuses de la côte de la mer Égée, Myrina et Cyme, Smyrne et Éphèse. Dans les siècles postérieurs, on continua, chez les Grecs, d'honorer la grande déesse asiatique par de barbares cérémonies.

Ces Amazones étaient les prêtresses de la déesse asiatique dont le culte fut apporté de Karkemish avec les armées hétéennes. La déesse était servie par une multitude de prêtresses armées et de prêtres eunuques; près de six mille l'adoraient sous le nom de *Ma*, à Comana, en Cappadoce, située au centre des montagnes, sur le versant septentrional du Taurus [1]. Certaines villes, en effet, comme Comana et Ephèse, étaient vouées à son culte, et une grande partie des habitants devenait en conséquence les ministres armés de la puissante déesse. C'étaient généralement des femmes, comme à Éphèse, dans les premiers âges; elles obéissaient à une grande prêtresse qui s'appelait elle-même l'« Abeille-Reine ». Quand Éphèse passa entre les mains des Grecs, on identifia la déesse avec l'Artémis grecque, et un grand-prêtre prit la place de la grande-prêtresse; mais la prêtresse d'Artémis continua néanmoins à s'appeler « une Abeille », nous rappelant ainsi que Déborah ou « Abeille » était le nom d'une des plus grandes prophétesses d'Israël. La déesse elle-même ne cessa pas d'être représentée sous la même forme que celle qui lui avait été affectée au temps de la domination hétéenne. Sa tête était ceinte de la couronne murale, dont l'origine hétéenne est attestée par les sculptures de Boghaz-Keui; et son char était traîné par des lions. Ce fut également des Hétéens qu'Artémis reçut la chèvre pour animal sacré.

[1] Bourg moderne de Sar ou Sartereh (N. T.).

Les Amazones armées de lances, qui vinrent de la Cappadoce à la conquête de l'Asie-Mineure et qui furent si intimement liées au culte d'Artémis d'Éphèse, ne peuvent être autres que les prêtresses de la déesse hétéenne, celles-là mêmes qui dansaient en son honneur, armées du bouclier et de l'arc. Dans l'art antique[1], les Amazones sont figurées vêtues de la tunique hétéenne et brandissant la hache à double tranchant, qu'on voit entre les mains de certaines divinités sculptées sur les rochers de Boghaz-Keui, pendant que la lance que leur prête le poète grec nous rappelle l'arme des guerriers de Karabel. Nous ne pouvons expliquer le mythe des Amazones que par la supposition qu'elles représentaient les prêtresses armées de la déesse hétéenne, et qu'une tradition de l'empire hétéen, en Asie-Mineure, s'était mêlée à la légende de leur arrivée en Occident. Les villes dont la fondation leur est attribuée doivent avoir été les sièges de l'empire hétéen.

Les Hétéens étaient des intrus en Syrie aussi bien qu'en Asie-Mineure. Tout concourt à prouver qu'ils descendaient des chaînes du Taurus. Le costume qu'ils portaient était celui des habitants d'une région froide et montagneuse, et non des chaudes vallées du Sud. Au lieu de la robe traînante des Syriens, le costume national consistait en une tunique qui n'atteignait pas le genou. Ce ne fut qu'après leur établissement dans les villes de la Syrie qu'ils adoptèrent l'habillement des habitants du pays.

[1] Voy. Klügmann, *Die Amazonen in attischen Litteratur und Kunst*. Stuttgart, 1875 (N. T.).

Les sculptures rupestres de l'Asie-Mineure les représentent avec la tunique courte, semblable à celle qui distinguait les Doriens de la Grèce ou les anciens habitants de l'Ararat; mais la partie la plus caractéristique de leur costume, c'étaient les souliers aux bouts recourbés. Toutes les fois que nous rencontrons un Hétéen, nous remarquons cette forme particulière de chaussure, que nous retrouvons au milieu des hiéroglyphes des inscriptions, et que les artistes égyptiens qui ornaient les murs du Ramesseum, à Thèbes, avaient placée aux pieds des défenseurs hétéens de Kadesh. Cette botte est admirablement faite pour marcher sur la neige, mais elle semble peu commode pour les habitants d'un pays plat et cultivé. Le fait qu'elle était encore portée par les Hétéens de Kadesh, dans les chaudes vallées de l'Oronte, prouve mieux qu'aucun autre argument ne saurait le faire que ces derniers étaient venus des montagnes neigeuses du Nord. Il en est de même du soulier de forme semblable que les Turcs ont apporté avec eux dans leurs migrations du Nord, et qu'ils ont introduit parmi les indigènes de la Syrie et de l'Égypte. Il indique d'une manière infaillible l'origine septentrionale des conquérants turcs, qui se trouvent dans le même rapport vis-à-vis de la population moderne de la Syrie que les Hétéens vis-à-vis des Araméens de Kadesh, il y a trois mille ans.

Le gant long, l'un des hiéroglyphes hétéens que l'on rencontre le plus fréquemment, n'est pas moins significatif. Le pouce seul est détaché du reste du sac, dans lequel les doigts sont renfermés. Ce gant est un indice éloquent de la température des régions d'où venaient ceux qui s'en servaient. Les paysans de la Cappadoce en portent encore de semblables pendant les mois d'hiver.

Nous trouvons une autre preuve de l'origine septentrionale des tribus hétéennes dans l'hiéroglyphe employé pour désigner le mot « pays ». Il représente deux et parfois trois montagnes aiguës, dont la forme, comme on l'a remarqué il y a quelques années, ressemble à celle des montagnes situées autour de Césarée, la capitale de la Cappadoce.

Après avoir quitté Kadesh, si nous nous avançons vers le Nord, les noms des localités portent de plus en plus le cachet d'une origine hétéenne. Nous laissons derrière nous les noms sémitiques comme Kadesh, « le Sanctuaire », et nous nous trouvons enfin dans un district où l'on ne peut plus admettre d'étymologie sémitique pour les noms géographiques. Or, c'est précisément dans ce district que les inscriptions hétéennes commencent à devenir abondantes. Les premières que l'on rencontre, au Sud, sont les pierres d'Hamath et l'inscription perdue d'Alep ; et nous savons maintenant qu'il en existe encore un grand nombre, depuis Karkemish jusqu'au Nord. Le territoire qu'elles couvrent est un carré dont la base est formée par une ligne partant de Karkemish et traversant Antioche pour gagner la Lycaonie, tandis que les ruines de Boghaz-Keui et d'Euyuk en sont la limite septentrionale. Il faut considérer cette région comme la demeure primitive et le point de départ de la race hétéenne. Celle-ci aurait fourni une population qui se groupa autour des deux versants de la chaîne du Taurus, se propagea en Cappadoce, au Nord. et s'étendit vers l'Arménie, à l'Est.

Les Hétéens conservèrent leur indépendance sur les bords de l'Halys, en Cappadoce, pendant près de 200 ans après la chute de Karkemish. Ce fut peu de temps avant la conquête de la Lydie par Cyrus que Crésus, le roi lydien, détruisit les villes de la Ptérie, là où s'élèvent les ruines de Boghaz-Keui et d'Euyuk[1]. Il réduisit les habitants en esclavage, se vengeant ainsi sur eux de la conquête du pays faite par leurs ancêtres, tant de siècles auparavant. Hérodote les appelle « Syriens », et Strabon les qualifie de « Leuco-Syriens ». C'est ainsi que l'historien grec les distinguait des Syriens de l'Aramée, à la peau noire ou d'origine juive, avec lesquels il était en relation. Ce détail nous remet en mémoire que si les artistes égyptiens représentaient les Hétéens avec la peau jaune, ils peignaient les Syriens en rouge. Il est intéressant de remarquer combien le souvenir de leur parenté, avec la population du versant syrien du Taurus, s'est conservé longtemps chez les Hétéens de la Cappadoce.

Boghaz-Keui[2] et Euyuk[3] sont situés dans le

---

[1] Hérodote, liv. 1er (N. T.).
[2] A cinq heures environ au N.-O. de Yuzgat, sur le cours d'une petite rivière qui coule vers Songourlou et de là se rend à l'Halys (N. T.).
[3] Village situé à vingt kilomètres au Nord de Boghaz-Keui,

L'AIGLE BICÉPHALE

district connu des Grecs sous le nom de *Ptérie*[1]. On remarque à Euyuk les ruines d'un vaste édifice qui s'élevait, comme les palais assyro-babyloniens, sur une vaste plate-forme de terre artificielle. On peut encore en retrouver quelques pans de murs formés de blocs de pierre massifs. Ce palais était précédé d'une avenue de bas-reliefs représentant des lions dont quelques-uns dévorent un bélier. La tête et la pose de l'un d'entre eux rappellent la tête et la pose des sphinx qui ornent l'avenue du temple de Karnak, à Thèbes.

L'entrée du palais était flanquée, des deux côtés, de deux énormes monolithes de granit, sur la face extérieure desquels étaient sculptés des sphinx ; mais bien que l'artiste fût évidemment allé chercher ses inspirations en Égypte, il est clair qu'il avait modifié les formes qu'il imitait suivant les idées nationales. La coiffure des sphinx et les pattes ne sont pas égyptiennes ; le collier passe sous le menton au lieu de tomber sur la poitrine, et le sphinx est debout et non couché comme en Égypte. A droite, le bloc de pierre qui porte l'image du sphinx est décoré, à l'intérieur, de la figure d'un aigle bicéphale tenant

---

dans le bassin de Tcheterlek-Soù, le fleuve Scylax, l'un des affluents de l'Iris (N. T.).

[1] Ces régions ont été explorées par BARTH, *Reise von Trapezunt dürch die nördliche Hälfte Klein-Asiens nach Scutari im Herbst*, 1858. — Hamilton, *Researches in Asia Minor, Pontus and Armenia, with some account of their antiquities and geology*, 1842. — Texier, *Description de l'Asie-Mineure*. Paris, 1839-49, 3 vol. in-fol. — Perrot, *Exploration archéologique*, etc., etc. (N. T.).

entre ses serres un animal que M. Perrot suppose être un lièvre ; un homme pose le pied sur la double tête de l'oiseau. Le même aigle bicéphale supportant la figure d'un homme ou d'un dieu se retrouve à Boghaz-Keui, et doit être considéré comme une des singularités du symbolisme et de l'art hétéens. Ce symbole fut adopté plus tard par les princes Turcomans, qui l'avaient vu peut-être sur les monuments hétéens de la Cappadoce ; et les Croisés l'apportèrent avec eux en Europe au XIVe siècle. Il devint l'emblème des empereurs d'Allemagne, qui le transmirent aux royaumes modernes de Russie et d'Autriche. Ce n'est pas, d'ailleurs, le seul legs que nous a fait l'art hétéen.

Le linteau de la porte du palais, à Euyuk, était en pierre, et si M. Perrot est dans le vrai, ce solide linteau orné d'une tête de lion gît encore en fragments sur le sol[1]. L'entrée était flanquée de murs sur lesquels étaient sculptés des bas-reliefs, comme dans les palais bâtis par les rois d'Assyrie. Ces bas-reliefs formaient la plinthe, et le reste du mur était probablement en briques recouvertes de stuc et peintes de couleurs brillantes. Un certain nombre de blocs sculptés sont dispersés à terre. Ici, on voit un prêtre devant un autel ; là, un taureau sacré sur un piédestal ; à côté, le portrait de deux hommes, dont l'un tient une lyre et l'autre une chèvre ; sur une pierre, sans souci de la perspective, un homme

---

[1] G. Perrot et Ch. Chipiez, *Histoire de l'Art dans l'Antiquité*. Cappadoce, p. 664 (N. T.).

monte à une échelle. Plus loin, un autre bas-relief nous offre trois béliers et une chèvre qu'un berger saisit par les cornes; ailleurs, une déesse assise sur un siège d'une forme particulière, les pieds sur un tabouret, tient à la main un objet pareil à une fleur. Un morceau de sculpture analogue a été trouvé à Marasch, sur le versant Sud du Taurus, près de la frontière de l'antique Commagène; des détails aussi minutieux que la forme de la chaise et celle du tabouret sont semblables dans les deux localités, et l'on dirait que les deux bas-reliefs ont été exécutés par la même main.

Les sphinx, qui gardaient l'entrée du palais de Euyuk et l'avenue qui y conduit, portent des témoignages irrécusables de l'influence de l'art égyptien sur les architectes. Ils nous reportent à une période où les Hétéens de la Cappadoce étaient en contact avec les peuples du Nil, et confirment ainsi la véracité des annales égyptiennes. Il doit avoir existé une époque où la population de la Cappadoce entretint des relations avec celle de l'Égypte, et cette époque, ainsi que nous l'apprenons par les monuments égyptiens, était celle de Ramsès. Il n'est peut-être pas téméraire d'affirmer que le palais d'Euyuk fut construit au XIIIe siècle avant notre ère, et que c'est un reste de l'époque de la domination des princes Hétéens de Kadesh ou de Karkemish au Nord de l'Halys. Il est possible que ce palais fut, à l'origine, la résidence d'été des rois, dont la demeure permanente était au Sud. Le plateau sur lequel s'élèvent Euyuk et Boghaz-Keui est à plus de deux milles pieds au-dessus du niveau de la mer, et les hivers y sont d'un froid intense. A partir du mois de décembre, la terre est couverte de neige. On sait que les descendants des races venues originairement d'un climat froid endurent difficilement la chaleur d'un été méridional; et les mêmes causes qui forcent les Anglais dans l'Inde à se retirer, l'été, dans la montagne, contraignaient les Hétéens, maîtres de la Syrie, à bâtir leur résidence d'été dans les régions montagneuses de la Cappadoce.

Les sculptures de Boghaz-Keui appartiennent à une date quelque peu postérieure à celles d'Euyuk. Boghaz-Keui est à cinq heures au S.-O. de cette localité et marque l'emplacement d'une cité jadis populeuse. Un cours d'eau sépare les ruines de la ville d'un remarquable massif de sculptures taillées dans le flanc rocheux des montagnes qui entourent cette ville. Celle-ci était défendue par un mur épais en maçonnerie, et à l'intérieur s'élevaient deux citadelles solidement construites sur deux rochers. La muraille était dépourvue de tours : mais, au pied, il y avait un fossé creusé en partie dans le roc, en partie dans la terre qui était recouverte d'un revêtement de maçonnerie uni et glissant. L'édifice le plus important de la ville était, sans contredit, le palais, dont le plan a été relevé par les voyageurs modernes. Comme celui d'Euyuk, il s'élevait sur un monticule artificiel ou terrasse en terre, et sa décoration paraît avoir été semblable ; mais il en reste peu de traces, sauf les fondations du mur et le trône de pierre renversé, qui s'élevait jadis dans la cour centrale et qui était supporté par deux lions. Des têtes de lions étaient également sculptées sur les colonnes qui formaient les piliers de la porte de la ville.

BAS-RELIEF A BOGHAZ-KEUI

L'intérêt se concentre à Boghaz-Keui, sur les sculptures qui ont été taillées dans les parois rocheuses de la montagne. On a tiré parti de deux étroits enfoncements, dont l'enceinte et le sol ont été artificiellement formés et nivelés. Le premier et le plus grand des deux enfoncements est de forme rectangulaire. Des deux côtés se développent deux longues lignes de personnages en relief, qui se rencontrent à l'extrémité opposée à l'entrée. A gauche s'avance une procession d'hommes presque tous habillés de la même manière, c'est-à-dire d'une tunique courte, avec la tiare pointue et les souliers aux bouts recourbés, qui caractérisent l'art hétéen. Parfois cette procession est interrompue par d'autres personnages vêtus de la longue robe syrienne, et qu'on peut prendre pour des femmes. Au milieu, deux figures semblables à des nains supportent le disque de la lune; enfin, après un intervalle, la procession est formée par des divinités, chacune ayant à côté d'elle son nom écrit en hiéroglyphes hétéens. Après avoir tourné l'angle de l'enfoncement arrivent trois dieux, dont deux marchent sur les sommets de hautes montagnes; le premier a une chèvre près de lui et deux prêtres en adoration le portent sur leurs épaules. Devant se trouve le personnage principal de l'autre procession qui a son point de départ du côté Est de l'enfoncement, et qui rencontre le premier sur le mur Nord. Cette image est celle de la grande déesse asiatique, la tête ceinte de la couronne murale; elle est supportée par une panthère, et, près d'elle, comme près du dieu qui la salue, se trouve une chèvre. Derrière, un jeune dieu, tenant la hache à double tranchant, est porté également par une panthère, et, derrière lui, deux prêtresses, le front ceint de la couronne murale, s'avancent sur les têtes et les ailes d'un aigle bicéphale. Cet aigle, dont la forme n'est que la reproduction de celui que nous avons rencontré à Euyuk, termine la série des scènes représentées sur le mur Nord. Le mur Est est occupé par une longue procession de déesses et de prêtresses, et quand cette procession cesse, nous sommes en présence d'un morceau de sculpture isolé. C'est l'image d'un prêtre eunuque sur le sommet d'une montagne. Il élève d'une main le *lituus*, de l'autre, un étrange symbole représentant un prêtre aux vêtements brodés. Ce dernier est supporté par un soulier aux bouts recour-

BAS-RELIEF A BOGHAZ-KEUI

lés; il tient un disque solaire ailé, dont les deux extrémités s'appuient sur des colonnes sans bases.

L'entrée du second enfoncement est gardé, des deux côtés, par deux monstres ailés cynocéphales. On pénètre, de là, dans un passage de forme rectangulaire pratiqué artificiellement; sur la paroi des rochers figurent des groupes de figures et d'emblêmes. Sur le mur Ouest se développe une rangée de douze prêtres ou soldats; chacun porte une faucille sur l'épaule; devant, sur le mur Est, se déroulent deux bas-reliefs d'un caractère étrange. L'un représente un jeune dieu, dont le nom était peut-être Attys, embrassant du bras gauche le prêtre eunuque; au-dessus de sa tête est gravé l'étrange symbole déjà décrit. L'autre représente la tête d'une divinité couronnée d'une tiare pointue et portée sur un buste formé de deux lions adossés, dont les muffles remplacent les bras. Deux autres lions rampants, la tête tournée vers le sol, reposent sur une sorte de colonne ou gaîne. Toutes ces sculptures étaient jadis recouvertes de stuc et ont été ainsi préservées des injures du temps[1].

Il est évident que nous nous trouvons en présence du sanctuaire des divinités dont les images et les symboles étaient sculptés sur le roc, sanctuaire trop vénéré pour être renfermé dans l'enceinte d'une ville. Les divinités auxquelles il était dédié étaient un dieu et une déesse servis par une foule de prêtres et de prêtresses. Aussi M. Perrot fait remarquer que Boghaz-Keui doit avoir été, comme Comana, une ville sacrée dont les citoyens, voués au culte des principales divinités adorées chez les Hétéens, étaient gouvernés par un grand-prêtre. C'était aussi bien une Kadesh ou une Hiérapolis qu' « une Ville Sainte », comme Karkemish.

Ce ne sont pas les sculptures seules qui nous prouvent que nous sommes en présence d'une ville hétéenne. La représentation des divinités leur a

---

[1] Voy. *Hist. de l'Art dans l'Antiquité.* Cappadoce, § IV. *Le sanctuaire. Iasili-Kaïa,* pp. 623 et suiv. (N. T.).

attaché, comme à Euyuk, les mêmes hiéroglyphes que nous rencontrons dans les inscriptions d'Hamath, d'Alep, de Karkemish et de Marasch ; de plus, sur ces murs, au Sud des ruines du palais, M. Perrot a découvert un long texte de neuf ou dix lignes taillées dans le roc, et quoique usés et défigurés par l'action du temps et des intempéries, on y reconnaît encore les restes de certains caractères hétéens. Autant que nous pouvons en juger, d'après la photographie qu'il a publiée, les formes sont les mêmes que celles qu'on trouve sur les monuments hétéens de la Syrie.

Quelque longs et fatigants que paraissent être ces détails, il était nécessaire de les consigner, puisqu'ils nous renseignent sur l'aspect et la construction d'une ville, d'un palais et d'un temple hétéens. Les découvertes récentes faites dans les districts situés au Sud du Taurus montrent que les palais et les temples y étaient semblables à ceux d'Euyuk et de Boghaz-Keui. Les sculptures, ainsi que les personnages et le costume, les lions et les divinités ailées supportées par des animaux, sont les mêmes. Un fragment de sculpture, travaillé dans un bloc de basalte découvert à Karkemish, dont la photographie est due au Dr Gwyther, aurait pu être recueilli à Boghaz-Keui. L'art, les formes et le symbolisme sont identiques.

La grande route de Boghaz-Keui à Marasch devait passer par le défilé de Ghourun, où Sir Charles Wilson a découvert des inscriptions hétéennes taillées dans le roc ; mais il pouvait y avoir une seconde route qui se dirigeait vers le Sud, par Césarée, la capitale moderne de la Cappadoce, pour gagner Bor ou Tyana (où M. Ramsay a trouvé un texte hétéen) et de là arriver aux mines d'argent du Bulgar-Dagh. Les bas-reliefs d'Ibreez ne sont pas éloignés des fameuses portes Ciliciennes, qui conduisaient le voyageur du grand plateau central de l'Asie-Mineure à Tarse et à la mer.

Il est probable que les mines d'argent du Bulgar-Dagh ont été exploitées, d'abord, par des mineurs hétéens; l'argent avait un attrait particulier pour la race hétéenne. La matière sur laquelle fut écrit le texte du traité conclu entre le roi de Kadesh et le Pharaon égyptien était une plaque de ce métal. Nous avons la preuve que ces plaques étaient fréquemment employées, par le fait que presque toutes les inscriptions hétéennes, gravées sur pierre et parvenues à notre connaissance, ne sont pas incisées, mais sculptées en relief. Il est donc certain que les Hétéens doivent avoir écrit leurs bizarres hiéroglyphes sur le métal, de préférence au bois, à la pierre ou à l'argile. Il n'y a que le métal qui soit moins pénible à marteler et à attaquer au repoussé, qu'à entamer avec un instrument. — L'imitation de ce travail en relief prouve clairement que depuis longtemps les scribes hétéens devaient y être accoutumés, lorsqu'ils se servirent de la pierre. Il est possible que la plus grande partie de l'argent qu'ils employaient venait du Bulgar-Dagh. L'inscription hétéenne, trouvée près des vieilles mines par M. Davis, atteste qu'ils avaient jadis occupé cette localité. Il est possible également que leur établissement en Lydie pendant un certain temps fût dû à leur passion pour le « métal brillant ». Quoi qu'il en soit, le Gumush-Dagh ou « Montagnes d'argent » se trouve au sud du Défilé de Karabel, et l'on peut y voir encore les traces du travail antique.

Les monuments hétéens de l'Asie-Mineure confirment donc d'une manière frappante la véracité des inscriptions égyptiennes. Ils montrent que les Hétéens allaient chercher l'argent dans les montagnes qui dominent la plaine cilicienne, pour étendre l'influence de leur art et de leur écriture sur cette région ; ils prouvent que le point central de la puissance hétéenne était un vaste carré établi sur l'un des deux versants du Taurus, comprenant Karkemish et la Commagène au Sud, le district à l'Est de l'Halys au Nord, et le pays dont Malatiyeh était la capitale à l'Est. — Les tribus hétéennes, en réalité, étaient des familles de montagnards venues du plateau de la Cappadoce et disséminées dans toutes les directions. A un moment, ces envahisseurs, sous la conduite de princes puissants, fréquentèrent les deux grandes routes de l'Asie-Mineure, et établirent leur suprématie sur les tribus de l'extrême Occident. L'âge auquel appartient l'empire militaire est indiqué par le caractère égyptien de la statue de Niobé, sur le rocher du Sipyle, et les sphinx qui gardaient l'entrée du palais d'Euyuk. Cet âge remonte au temps où les chefs de Kadesh pouvaient appeler à leur aide les princes vassaux de la côte de la mer Égée. Les monuments laissés par les Hétéens en

Asie-Mineure concordent avec les récits des Égyptiens. Le peuple, auquel appartenaient Uri et peut-être Bath-sheba, avait tenu en échec le plus grand des rois égyptiens, promené ses armes victorieuses à travers l'Asie-Mineure, mis des satrapes dans les villes de Lydie et apporté la civilisation de l'Orient aux tribus barbares de l'Occident.

V

LA RACE ET LES VILLES HÉTÉENNES

Nous ne connaissons jusqu'ici l'histoire des « Leuco-Syriens » ou Hétéens, qui vivaient en Ptérie sur les bords de l'Halys, que d'après les renseignements fournis par les ruines de la forteresse de Boghaz-Keuï et du palais d'Euyuk. Nous sommes dans la même ignorance au sujet des tribus hétéennes de Malatiyeh et de la Commagène. Quand les inscriptions gravées sur le lion en pierre, trouvé à Marasch [1], pourront être déchiffrées, elles jetteront, sans aucun doute, une vive lumière sur l'histoire primitive de cette ville, dont nous ne connaissons pas encore le nom antique.

Ce n'est qu'après avoir quitté la région montagneuse, jadis occupée par la race hétéenne, et lorsque nous descendons dans les vallées de la Syrie, que les annales des états voisins commencent à nous

---

[1] Marasch s'appuie aux contreforts de l'Akhir-Dagh qui dominent le confluent de l'Ak-sou et du Djihoun (N. T.).

parler des Hétéens et de leur gloire antique. L'histoire de leurs deux capitales, Karkemish et Kadesh, toute fragmentaire et imparfaite qu'elle soit encore, n'est plus absolument inconnue.

On a longtemps cherché en vain l'emplacement de Karkemish. On l'a identifié avec le Circésium de la géographie classique, au confluent du Khabour et de l'Euphrate; mais le nom assyrien de Circésium est Sirki, et sa position ne s'accorde pas avec celle qui est assignée à « Gargamis » ou Karkemish dans les textes assyriens[1]. M. Maspéro[2] avait placé cette dernière à Membij, l'antique Mabog[3] ou Hiérapolis, en s'appuyant sur les auteurs classiques et le témoignage des textes égyptiens; mais les ruines de Membij ne contiennent aucun monument antérieur à l'époque grecque. Leur position sur un plateau rocheux, à une certaine distance de l'Euphrate, n'est pas d'accord avec l'indication transmise par les inscriptions assyriennes, qui faisaient de Karkemish le principal point de défense des gués de l'Euphrate[4].

C'est à M. Skene, pendant longtemps consul d'An-

---

[1] Rawlinson, *The five great monarchies*, sec. ed., II, 67. — Schrader, *Keilinschriften und Geschitsforschung* (1878), p. 221. (N. T.)

[2] Maspéro, *De Carchemis oppidi situ et historia antiquissima*. Paris, 1872 (N. T.).

[3] Ville de la Cyrrhestique (dans le Pachalik d'Alep). C'était un des centres les plus florissants de la Syrie, à cause du temple de la Grande-Déesse. Le christianisme amena sa ruine. Quand Justinien voulut relever ses murs, elle était en partie inhabitée. Procope, *de Æd.*, II, 9. — Voy. Pococke, II, p. 242 (N. T.).

[4] F. Delitzsch, *Wo lag das Paradies*, 1881, p. 265 (N. T.).

gleterre à Alep, que revient l'honneur d'avoir découvert le véritable emplacement de la capitale hétéenne, sur la rive droite de l'Euphrate. A moitié chemin, entre Biredjik et le confluent du Sajour, s'élève un monticule artificiel dont on a extrait à plusieurs reprises des débris et des fragments de pierre travaillée. Ce monticule était connu sous le nom de Jerablûs ou Kalaat Jerablûs, « la forteresse de Jerablus, » quelquefois écrit à tort Jérabis. M. Skene n'eut pas de peine à reconnaître dans ce nom la corruption arabe de Hiérapolis. A l'époque romaine, le nom de Hiérapolis, « la ville sainte, » avait été transféré à sa voisine Membij, qui hérita des traditions et de la renommée religieuse de l'antique Karkemish ; mais quand le triomphe du christianisme en Syrie amena la chute du grand temple de Membij, le nom de cette dernière ville disparut, et, par suite d'une confusion naturelle, on l'appliqua aux ruines de l'antique Karkemish. Deux ans après, G. Smith (1876), lors de son dernier voyage, visita cette localité, et reconnut que l'identification de M. Skene était exacte [1].

La position de Jerablûs convenait aux exigences des textes assyriens. Elle se trouvait sur la voie qui conduisait originairement de l'Est à l'Ouest, et au milieu de ses ruines on avait recueilli une inscription en caractères hétéens. Peu après, on envoya au Musée-Britannique les plaques de bronze qui ornaient jadis les portes d'un temple assyrien ; sur l'une d'elles on voit le dessin en relief de Karke-

---

[1] *Academy*, 4 nov. 1876, p. 454 (N. T.).

mish, au temps de Jéhu, roi d'Israël. L'Euphrate baigne ses murs, ce qui démontre d'une manière concluante que Jérablus, et non Membij, était l'emplacement de la ville antique. Cet emplacement fut acheté par M. Henderson, le successeur de M. Skene à Alep, et l'ancien possesseur se servit de l'argent qu'il reçut de cette parcelle de terre pour acheter une vache. Ah! il faut croire que c'en était bien fait des grands et des puissants du monde, puisque la fameuse capitale hétéenne, qui avait résisté aux armées réunies de l'Égypte et de l'Assyrie, était adjugée à un passant pour le prix d'une tête de bétail!

En 1878, M. Henderson fut chargé par les Trustees du Musée-Britannique de pratiquer des fouilles à Jérablùs; mais on ne surveilla pas suffisamment les ouvriers, et bien qu'on eût envoyé à Londres quelques restes de sculptures et des spécimens d'écriture, beaucoup de documents furent abandonnés aux indigènes, qui s'en servirent pour construire un moulin.

La ville antique était défendue de deux côtés par l'Euphrate, et son accès n'était libre qu'au Nord et à l'Ouest. On avait creusé dans ces deux endroits un canal artificiel fortifié par un mur bâti sur les deux bords. Le monticule, qui avait attiré l'attention de M. Skene, marque l'emplacement d'un palais royal, où les ouvrillers trouvèrent les restes de bas-reliefs pareils à ceux d'Euyuk et représentant des dieux et des hommes. Ces derniers étaient chaussés de bottes aux bouts recourbés, caractère irrécusable de l'art hétéen.

Karkemish a fourni une longue carrière. Quand nous en entendons parler pour la première fois, dans les textes égyptiens, elle était déjà entre les mains des Hétéens. Touthmès III combattit sous ses murs, et ses plus braves guerriers se précipitèrent dans l'Euphrate pour en venir aux mains avec les ennemis. Tuklat-pal-Asar Ier avait vu ses murs du bord opposé de l'Euphrate, mais il n'avait pas osé s'en approcher. Assur-nasir-habal et son fils Salmanasar avaient reçu le tribut de son roi, et quand le prince se fut soumis enfin aux armées de Sargon, on en fit le siège d'une satrapie assyrienne[1].

Le commerce qui avait prospéré, continua à déverser ses richesses entre les mains de ses marchands, et la « mine de Karkemish » resta un étalon de monnaie reconnu dans tout l'Orient. Quand l'Égypte engagea sa dernière lutte pour obtenir la suprématie en Asie, ce fut sous les murs de Karkemish que se livra le combat décisif. Cette bataille (604 av. J.-C.) chassa Néchao de la Syrie et de la Palestine, et plaça les destinées du peuple de Dieu entre les mains du roi de Babylone. Il serait possible que la ruine de la ville datât de cette bataille. Quoi qu'il en soit, elle avait été supplantée longtemps avant l'ère chrétienne par Mabog ou Membij, et le grand sanctuaire, qui en avait fait une « ville sainte », avait été transféré dans les murs de sa rivale.

Comme Karkemish, Kadesh sur l'Oronte, la capitale la plus méridionale que possédaient les Hétéens,

---

[1] Voy. *Supra*, p. 49.

était aussi une ville sainte. Des plans en ont été conservés sur les monuments de Ramsès II. Nous voyons qu'elle s'élevait sur les bords du lac de Homs, encore appelé le « lac de Kadesh », à l'endroit où l'Oronte sortait du lac. La rivière enveloppait la ville au moyen d'un double canal, sur lequel était jeté un large pont, et l'intervalle compris entre les deux canaux était occupé par un mur[1].

Kadesh doit avoir été une des dernières conquêtes faites par les Hétéens en Syrie, et son occupation était le signe visible de leur suprématie sur l'Asie-Occidentale. Nous ne savons pas quand ils furent forcés de la céder à d'autres maîtres. Ainsi que nous l'avons vu, la lecture correcte du 6° verset du XXIV° chapitre du second livre de Samuel nous apprend que la limite Nord du royaume de David était formée par les Hétéens de Kadesh, « la porte de Hamath », ainsi que cette localité paraît avoir été appelée ailleurs.

C'est pourquoi, à l'époque de David, Kadesh devait être encore entre leurs mains; mais il avait déjà cessé d'en être ainsi, quand le roi assyrien Salmanasar III conduisit ses armées vers l'Ouest. Aucune allusion à la ville et à ses habitants ne se trouve dans les inscriptions assyriennes, et nous pouvons supposer qu'elle avait été détruite par les Syriens de Damas. Comme Membij prit la place de Karkemish, de même Emèse[2] ou Homs prit celle de Kadesh.

---

[1] Voy. Conder, *Quarterly statements. Palestine Exploration Fund*, pp. 168-175, 1881 (N. T.).

[2] Ville de l'Apamène, célèbre par son temple de Baal. Constantin Porphyrogénète (*de Adm. imp.*, c. 25) l'appelle Ἔμεσσα;

Nous avons vu que les Hétéens étaient issus d'une race septentrionale. Leur résidence primitive devait être située sur le versant Nord du Taurus. Nous les connaissons par leurs propres bas-reliefs et par les monuments égyptiens qui nous ont transmis leurs traits. La ressemblance extraordinaire entre les figures des Hétéens dessinées par les artistes égyptiens et celles qui sont reproduites par leurs propres artistes sur les bas-reliefs, ou qui sont intercalées au milieu de leurs hiéroglyphes, fournit une preuve convaincante de la fidélité des dessins égyptiens et de l'identité des Hétéens des inscriptions égyptiennes avec ceux de Karkemish et de la Cappadoce.

Il faut avouer que les Hétéens n'étaient pas un beau peuple. Ils étaient épais et trapus, et la partie supérieure du masque était portée en avant d'une manière particulièrement désagréable. Le front fuyant, les pommettes saillantes, la lèvre supérieure allongée, formaient autant de traits caractéristiques.

Les anthropologistes leur accordent une parenté intime avec la race mongole. Comme les Mongols, ils avaient la peau jaune, les yeux et les cheveux noirs.

Ammien Marcellin (xiv, 8), *Emissa*, et la carte de Peutinger, *Hemesa*. — Voy. sur ses ruines Pococke, ii, p. 206; Richter's *Wallfahrten*, p. 205, etc. — Homs, la ville moderne, succéda à Emèse; elle subit les dévastations des Arabes, excita la convoitise des Croisés, et finit par tomber au pouvoir des Mameloucks (xiiie s.). Amoindrie depuis lors, elle ne reprendra d'importance que par le développement du commerce; c'est là, en effet, que se croisent les voies naturelles du trafic, celle qui longe le cours de l'Oronte et la route transversale qui rejoint la Méditerranée à l'Oasis de Palmyre et à l'Euphrate, par la vallée de Nahr el Kebir (N. T.).

Ils rejetaient leurs cheveux en arrière, pour en former une petite queue tressée mince et allongée. Cette coiffure les distingue sur leurs monuments et ceux de l'Égypte, tout autant que leurs bottes aux bouts recourbés.

Ils se mêlèrent, sans doute, en Syrie à la race sémite, et plus ils s'avancèrent vers le Sud, plus ils furent absorbés, selon toute vraisemblance, par la population indigène. Les Hétéens, au Sud de Juda, avaient des noms sémitiques et parlaient probablement une langue sémitique. Kadesh continua de porter jusqu'à la fin son appellation sémitique, et parmi les noms hétéens que l'on relève dans la région septentrionale, il y en a plusieurs qui ont un cachet sémitique. Dans le voisinage de Karkemish, les Hétéens et les Araméens s'étaient mêlés, et Pethor[1] fut à la fois une ville hétéenne et araméenne. En un mot, les Hétéens avaient en Syrie la situation d'une race conquérante, et formaient la classe élevée dirigeante, qui devint de plus en plus restreinte, à mesure qu'ils s'éloignaient de leur point de départ et de leur lieu d'origine. Comme les Normands en Sicile ou les Étrusques dans l'antique Italie, ils tendaient à disparaître peu à peu ou à être absorbés par la race soumise. Ce n'était que dans leurs anciennes résidences qu'ils conservaient leur force et leur originalité primitives; quoiqu'ils eussent perdu, même en Cappadoce, leurs anciens idiomes, et adopté à leur place, d'abord l'Araméen, puis le Grec et enfin

---

[1] En assyrien *Pi-it-ru*. Voy. F. Delitzsch, *Wo lag das Paradies*, p. 269 (N. T.).

le Turc, nous pouvons encore retrouver leurs traits chez les habitants modernes de la chaîne du Taurus. On rencontre leurs descendants dans certains districts de la Cappadoce. « Le type, dit Sir Charles Wilson, n'est pas beau et se trouve dans quelques parties de la Cappadoce, particulièrement chez les indigènes qui vivent dans ces étranges villes souterraines que j'ai découvertes sous la grande plaine, au Sud-Ouest de Nigdé, à 12 kilomètres de l'antique Tyana. » Les signes caractéristiques de la race, une fois obtenus, semblent presque indélébiles, et il se peut que l'on découvre, après des observations minutieuses, que l'antique race hétéenne existe encore, non seulement dans l'Asie-Mineure orientale, mais encore dans les régions méridionales de la Palestine.

VI

RELIGION HÉTÉENNE. — ART HÉTÉEN

Lucien, ou l'écrivain grec qui a usurpé son nom, nous a laissé une description très détaillée du grand temple de Mabog, tel qu'il existait au IIe siècle de l'ère chrétienne [1]. Mabog [2], ainsi que nous l'avons vu, succéda à Karkemish; tout porte à croire que son temple, avec ses rites et les cérémonies qu'on y célébrait, différait peu du sanctuaire païen de l'antique Karkemish.

Le temple s'élevait au centre même de la cité sainte [3]; il comprenait une cour extérieure et un sanctuaire intérieur qui contenait un saint des saints, où pénétraient seuls le grand-prêtre et ceux de ses compagnons qui étaient censés approcher la divinité

---

[1] Voy. Lucien, *Traité de la déesse syrienne*. Trad. de l'abbé Massieu, Paris, 1787 (N. T.).

[2] Voy. d'Anville, *Géog. anc.*, t. II, *Artis Syria*, p. 138 (N. T.).

[3] « Pour la forme et l'exécution, il ressemble à ceux qu'on bâtit dans l'Ionie. » Voy. Lucien, trad. t. IV, p. 102 (N. T.).

de plus près. Le temple était construit sur un vaste soubassement, sorte de plate-forme artificielle de plus de 12 pieds de haut. A l'intérieur, les murs et le plafond ainsi que les battants de la porte resplendissaient d'or, mais le saint des saints n'était séparé du reste de l'édifice que par un rideau ou un voile. De chaque côté de l'entrée s'élevait une colonne d'une grande hauteur, pareille à un cône, symbole de la déesse de la fertilité, et, dans la cour extérieure, il y avait un autel de cuivre. A gauche de ce dernier, on voyait une image de Sémiramis, et, non loin, une grande mare ou lac contenant le poisson sacré[1]. Des bœufs, des chevaux, des aigles, des ours et des lions étaient nourris et soignés dans la cour; c'étaient des animaux consacrés aux divinités adorées en ces lieux.

A gauche, en entrant dans le temple, le trône du soleil s'offrait à la vue; mais sa statue ne s'y trouvait pas, parce que le soleil et la lune, seuls entre les dieux, n'avaient pas d'image qui leur fût consacrée. Il y avait, en outre, les statues de diverses divinités, parmi lesquelles celle d'un dieu auquel on attribuait le don des miracles et des prophéties. Parfois on disait que l'image bougeait par le fait de sa seule volonté, et si les prêtres ne la remettaient pas à sa place, elle commençait à transpirer. Alors ceux-ci la prenaient par les mains, et elle les conduisait d'une partie du temple à l'autre, jusqu'à ce que le

[1] Lucien dit que ces poissons parvenaient à une grosseur étonnante; il en vit un qui portait un bouquet de fleurs d'or attaché à l'une des nageoires (N. T.).

grand-prêtre, debout devant elle, lui fît des questions auxquelles elle répondait, en poussant les porteurs en avant. Les principaux objets du culte étaient les images d'or de deux divinités que Lucien identifie avec la Héra et le Zeus des Grecs. Entre ces deux statues, il y en avait une sur la tête de laquelle planait une colombe d'or. La déesse, toute resplendissante de pierres précieuses, tenait à la main un sceptre, et sa tête était ceinte de la couronne murale comme les déesses de Boghaz-Keuï. De plus, elle était portée par des lions, et son époux par des taureaux. On peut reconnaître dans ce couple le dieu de Boghaz-Keuï qui s'avance vers la grande déesse hétéenne.

Dans le texte hétéen du traité conclu entre Ramsès et le roi de Kadesh, le dieu suprême est appelé *Soutekh*, la déesse *Antarata* ou peut-être *Astarata*. Plus tard, la déesse de Karkemish fut connue sous le nom de *Athar'ati*, que les Grecs transformèrent en *Atargatis* et *Derkéto*[1]. Celle-ci, selon la fable, était la mère de Sémiramis, dans laquelle la légende grecque a vu une reine assyrienne; mais Sémiramis était la déesse Istar, appelée Astoreth en Canaan, et Atthar ou Athar chez les Araméens, au milieu desquels Karkemish était bâtie. Derkéto n'était donc qu'une autre forme de Sémiramis[2], ou plutôt un autre nom sous lequel la grande déesse asiatique était connue. La colombe lui était consacrée, et c'est

---

[1] Voy. Larcher, *Mémoire sur Vénus*, pp. 15 et 36 (N. T.).
[2] Pour ce qui concerne la légende de Sémiramis, voyez Lenormand, dans les *Mémoires de l'Académie royale des Sciences, des Lettres et des Beaux-Arts de Belgique*, 1873 (N. T.).

ce qui explique la présence de l'image de cet oiseau au-dessus de la tête de la troisième divinité de la triade de Mabog [1].

Le temple était desservi par une multitude de prêtres. Plus de trois cents prenaient part aux sacrifices, le jour où Lucien le visita. Les prêtres étaient vêtus de blanc et portaient la calotte que nous retrouvons sur les monuments hétéens. Le grand-prêtre seul avait sur la tête la tiare élevée, que les sculptures nous indiquent comme la prérogative des dieux et des rois. Les Galles ou eunuques étaient les plus distingués entre les prêtres [2]. Le jour des fêtes, ils se laceraient les bras et se flagellaient avec fureur. De tels excès rappellent les pontifes de Baal, qui se déchiraient le corps et ne s'arrêtaient qu'après s'être inondés de sang.

Deux fois par an, une procession solennelle se rendait à une fente du rocher située sous le temple, où, disait-on, les eaux du déluge s'étaient écoulées, et l'on y jetait de l'eau de mer. C'est à cette fosse que Mélito, écrivain syrien chrétien, fait allusion quand

---

[1] Diodore de Sicile dit en parlant de la mort de Sémiramis : « Elle disparut tout à coup ; quelques-uns ont prétendu qu'elle fut changée en colombe, et qu'elle fut confondue parmi une bande de ces oiseaux qu'on vit s'abattre en volant sur son palais. » Liv. II, c. xx (N. T.).

[2] « A certains jours marqués, la multitude entre dans le temple. Beaucoup de Galles et autres ministres sacrés célèbrent leurs orgies, se découpent les bras et se font fustiger les uns par les autres ; beaucoup jouent de la flûte et du tambour et chantent des hymnes sacrés. » — Suivent les récits de la réception des Galles et les détails sur la cérémonie de la castration. Trad. pp. 117 et suivantes (N. T.).

il dit que la déesse Simi, la fille du dieu suprême, Hadad, mit fin aux attaques du démon, en remplissant d'eau de mer la fosse dans laquelle il vivait. Mais, au temps de Lucien, on considérait le démon comme le déluge, et le récit du déluge raconté à l'auteur grec concorde si exactement avec celui que nous lisons dans la Genèse, qu'il est évident qu'il a été emprunté aux saintes Écritures par les prêtres de Hiérapolis. Il est probable toutefois que la tradition était plus ancienne, et avait été importée de Babylonie. Quoi qu'il en soit, le héros du déluge fut appelé Sisythes, modification du nom du Noé chaldéen, Xisuthrus[1]. Dans le voisinage de Kadesh, le Major Conder trouva un endroit connu sous le nom de « l'Arche du prophète Noé », et à côté un ruisseau appelé le Tannur ou « Four », d'où jaillirent les eaux du déluge, d'après la foi musulmane.

Il y avait beaucoup d'autres fêtes à Mabog, outre celle qui rappelait l'écoulement des eaux du déluge. Des pèlerins arrivaient en masse de toutes parts[2],

[1] Voy. G. Smith, *Chaldean Account of Genesis*, etc., pp. 42, 43, 44, 46 (N. T.).

[2] « Un homme qui vient pour la première fois à Hiérapolis se rase la tête et les sourcils. Après avoir sacrifié une brebis, il en coupe les chairs par morceaux et en fait un banquet; il étend la peau en terre, y pose un genou, met les pieds et la tête de la victime sur la sienne, conjure en même temps les dieux d'agréer son offrande et en promet une plus grande pour l'avenir; ensuite il se couronne, lui et tous ceux qui ont fait le même voyage; il dépose sa couronne et se remet en route, en observant de n'employer que de l'eau froide pour sa boisson et pour ses bains, et de coucher toujours sur la dure; car il lui est défendu de se mettre au lit jusqu'à ce qu'il ait accompli son pèlerinage et qu'il soit rendu chez lui. » Trad., pp. 120 et suiv. (N. T.).

de l'Arabie, de la Palestine, de la Cappadoce, d la Babylonie et même de l'Inde. On ne les obligeait qu'à boire de l'eau et à dormir sur le sol. Les offrandes qu'ils apportaient au sanctuaire étaient nombreuses et abondantes. Une fois arrivés, on les conviait à se mêler aux sacrifices. Les chèvres et les moutons étaient les victimes les plus ordinaires, bien que l'on offrît aussi des bœufs. Le porc était le seul animal qu'il fût défendu de sacrifier et dont il était interdit de manger la chair; de même que chez les Juifs, on le considérait comme impur. Après avoir été offert dans la cour du temple, l'animal était habituellement conduit à la maison du sacrificateur, et là il était mis à mort; quelquefois on le tuait, en le jetant du haut du portique dans le temple. Les enfants mêmes, enveloppés dans des peaux, étaient sacrifiés de cette manière par leurs parents, qui s'écriaient « que ce n'étaient pas leurs enfants, mais des bœufs »!

On racontait diverses légendes au sujet de la fondation du temple. Certains affirmaient que Sisythes l'avait construit, après le déluge, à l'endroit où les eaux avaient été englouties par la terre. Il est possible que ce fut la légende originairement accréditée à Mabog, avant que les traditions de Karkemish y eussent été transférées, et elle semble intimement liée aux particularités locales. Les autres légendes avaient pris sans doute leur origine dans l'antique Hiérapolis. Suivant l'une d'elles, le temple avait été fondé par Sémiramis en l'honneur de sa mère Derkéto, moitié femme et moitié poisson, à laquelle était consacré le poisson du lac voisin[1]. Un autre récit fait d'Attys son fondateur, et de Rhéa la déesse à laquelle il était consacré.

Derkéto et Rhea ne sont toutefois que les noms différents de la même divinité appelée Kybêlê ou Kybêbê en Phrygie, et honorée du titre de « Grande mère ». Ses statues étaient couvertes de seins, pour symboliser qu'elle était la terre d'où l'humanité tirait ses moyens d'existence. Ses attributs étaient empruntés à ceux de la babylonienne Istar, l'Ashtoreth de Canaan ; la forme même qu'on lui attribuait était celle d'Istar, ainsi que nous l'apprend un bas-relief, découvert à Karkemish, sur lequel elle est représentée nue, la tête ceinte d'une tiare élevée, les mains soutenant ses seins, et des ailes derrière les épaules.

Son culte était, en effet, un exemple frappant de l'influence exercée par la religion babylonienne et ses rites sur les Hétéens, et, par leur entremise, sur les peuples de l'Asie-Mineure. On a trouvé en Lydie une pierre grossièrement travaillée, représentant la déesse sous la forme qu'elle a revêtue sur le bas-relief de Karkemish et les cylindres de l'antique Chaldée.

Cette pierre, comme la figure assise du mont Sipyle, est un témoignage de l'introduction de son culte en Occident par les armées hétéennes. Une tradition postérieure a conservé le souvenir de ce fait.

---

[1] Derkéto était honorée à Jaffa. Voy. Saumaise, dans ses Excercitations sur Pline (N. T.).

On disait que le héros lydien, Cayster, était allé en Syrie et avait eu Derkéto pour épouse, tandis que, d'un autre côté, on croyait que c'était un Lydien, Mopsus, qui avait noyé la déesse Derkéto dans le lac sacré d'Ascalon. Il se peut que nous ayons là les souvenirs du temps où les soldats lydiens marchaient contre l'Égypte sous la conduite de princes hétéens et apprenaient à connaître le nom et le caractère d'Athar-Ati, la déesse de Karkemish.

Istar, la divinité babylonienne, était accompagnée de son fils et fiancé Tammouz[1], le jeune dieu-soleil, dont la mort prématurée a fait une si vive impression sur l'imagination populaire. Ezékhiel vit à Jérusalem les femmes pleurer la mort de Tammouz dans l'enceinte même du temple, et chaque année, pendant plusieurs jours, on célébrait avec un zèle fanatique les fêtes de sa mort et de sa résurrection dans les villes phéniciennes. En Syrie, il s'était appelé Hadad, et on l'identifiait avec le dieu Rimmon; aussi Zacharie (XII, II) parle-t-il du deuil de Hadad-Rimmon dans la vallée de Mageddo. A Hiérapolis et à Alep, on le connaissait également comme le dieu Hadad ou Dadi, tandis que, dans toute l'Asie-Mineure, il était adoré sous le nom de Attys, le « berger des étoiles brillantes ». Le mythe qui racontait sa mort subit un léger changement de forme chez les Hétéens, et, par eux, chez les tribus de l'Asie-Mineure. C'est

---

[1] F. Lenormant, *Il mito di Adone-Tammuz nei documenti cuneiformi. Estratto degli Atti del IV Congresso internazionale degli Orientalisti*, il 13 settembre 1878. Firenze, 1879. (N. T.)

sans doute le jeune dieu qui apparaît sur les rochers de Boghaz-Keuï, derrière la grande déesse, porté comme elle sur le dos d'une panthère ou d'un lion.

Les habitants de Mabog n'oubliaient pas que leur temple avait succédé à un antique sanctuaire, et que Karkemish avait été jadis la « ville sainte » de la Syrie du Nord ; si bien que les légendes qui avaient trait à sa fondation se rapportaient à un autre sanctuaire qui avait existé antérieurement, et qui était tombé en ruine depuis longtemps. L'origine du temple visité par Lucien était attribuée à une certaine Stratonice, femme d'un roi assyrien[1] ; mais Stratonice n'est que la transformation grecque de quelque épithète sémitique d'Ashtoreth, et désigne l'époque à laquelle la Phénicienne Ashtoreth prit la place de la primitive Athar'Ati. On racontait une légende étrange au sujet du jeune Combabus, envoyé de Babylone pour prendre part à la construction du sanctuaire. Combabus n'était autre que Tammouz désigné sous un autre nom, et Stratonice Istar. Cette légende est particulièrement intéressante au point de vue de l'influence religieuse exercée jadis par les Babyloniens sur les peuples hétéens.

Il est possible que le nom de Sémiramis soit devenu la désignation hétéenne de la déesse appelée Athar-Ati par les habitants araméens d'Hiérapolis. En ce cas, la difficulté d'expliquer les deux noms se trouverait résolue à l'aide des vieux mythes qui la faisaient fille de Derkéto ; mais tandis que Derkéto

---

[1] *Traité de la Déesse syrienne.* Trad. fr., pp. 80 et suivantes (N. T.).

était une divinité poisson, Sémiramis était associée à la colombe, comme l'Ashtoreth ou Aphrodite adorée à Chypre. Le symbole de la colombe avait été apporté en Occident à une époque primitive. Parmi les antiquités découvertes par le Dr Schliemann dans les tombes préhistoriques de Mycènes se trouvent des objets en or, dont deux statuettes représentant une déesse nue, les mains sur les seins avec des colombes au-dessus de la tête; et un petit monument en forme de temple, sur le faîte duquel sont posées deux colombes. Si l'on considère à quel point l'art préhistorique de Mycènes semble intimement lié à celui de l'Asie-Mineure, on peut supposer que le symbole de la colombe a fait son chemin à travers la mer Égée par l'intermédiaire des Hétéens, et voir dans le temple de Mycènes la représentation d'un temple hétéen de la Lydie ou de la Cappadoce.

Les légendes rapportées par Lucien sur la fondation du temple de Mabog s'accordent toutes à dire qu'il fut consacré à une déesse. La « ville sainte » était sous la protection d'une divinité femelle et non mâle, ce qui explique pourquoi elle était servie par des eunuques. Si Attys ou Hadad y était adoré, c'était à cause de sa mère; les images des autres dieux n'étaient que tolérées dans le temple. La divinité mâle, identifiée avec Zeus par l'auteur grec, devait être considérée comme admise, par traité ou mariage, à partager les honneurs rendus à son épouse. Il en était sans doute de même à Boghaz-Keuï; là aussi, le personnage le plus en évidence dans la procession des divinités est la déesse suivie de son fils Attys, vers laquelle s'avance le dieu, dont on lit le nom, *Tar* ou *Tarku* (le roi), et qui semble le Zeus de Lucien[1].

Cette divinité était connue en Cilicie et en Lydie sous le nom de *Sandan;* elle est appelée sur les médailles « Baal de Tarse » et tient à la main une grappe de raisins ou une tige de blé. On peut voir son image sur le rocher d'Ibreez; le dieu porte la tiare pointue ornée de cornes, ainsi que la tunique courte et les bottines aux bouts recourbés. Ses poignets sont ornés de bracelets; à ses oreilles sont suspendus des anneaux.

Sandan était identifié avec le Soleil, et lorsque l'emploi d'un idiome sémitique prévalut en Cilicie, il fut transformé en Baal. La même transformation avait eu lieu des siècles avant dans les villes hétéennes de Syrie. Outre la déesse syrienne, Kes, représentée debout sur un lion, comme la grande déesse de Karkemish, les monuments égyptiens parlent de Soutekh qui se trouve vis-à-vis de ses adorateurs hétéens dans la même situation que le Baal sémitique à l'égard des populations de Canaan. Soutekh était le dieu suprême hétéen, mais il était adoré à la même époque dans chaque ville et chaque état au pouvoir des Hétéens; ainsi il y avait un Soutekh de Karkemish et un Soutekh de Kadesh, comme il y avait un Baal de Tyr et un Baal de Tarse. Les formes sous lesquelles il était adoré étaient nombreuses; toutefois, c'était

---

[1] *Traité de la déesse Syrienne*, trad. fr., p. 104.

partout le même Soutekh, le même dieu national.

Il semblerait que sa puissance commençât à décroître postérieurement à l'époque de Ramsès, et au contraire celle de la déesse à grandir à son détriment. Ce changement peut être attribué à l'influence assyro-chaldéenne. En tous cas, tandis que c'est Soutekh qui apparaît à la tête des États hétéens dans le traité conclu avec Ramsès, ce fut plus tard la mère déesse qui devint l'objet du culte principal dans les « villes saintes ». Sa place fut usurpée par la déesse, à Karkemish aussi bien qu'à Mabog, à Boghaz-Keuï aussi bien qu'à Comana.

La déesse portait le nom de *Ma* à Comana en Cappadoce[1]. Elle était servie par 6,000 prêtres et prêtresses, et la ville entière était vouée à son culte. La place du roi était remplie par l'*Abakles* ou pontife; les sculptures rupestres de Boghaz-Keuï nous autorisent à croire qu'il en était ainsi en Ptérie et dans les autres « villes saintes » d'Asie-Mineure. — Ainsi, à Pessinunte[2], en Phrygie, où des lions et des panthères entouraient la déesse, la ville entière était vouée à son culte, et obéissait aux *Galles;* sur les bords de la mer Noire, les Amazones, prêtresses de Cybèle, qui dansaient en son honneur revêtues de l'armure, étaient considérées par les Grecs comme formant l'unique population du pays entier. A Éphèse, malgré la colonie grecque qui s'y était établie, le culte de la Mère-Déesse continua

---

[1] Bourg moderne de *Sarou Sartereh*.
[2] Village de Bala-hissa. Voyez Strab., l. XII, p. 567, et Texier, *Asie-Mineure*, pp. 473 et suiv.

à absorber la vie des habitants, de sorte qu'on pouvait encore la considérer, au temps de saint Paul, comme une ville « adoratrice de la grande déesse ». Celle-ci, de même qu'à Pessinunte, était adorée sous la forme d'une pierre tombée du ciel.

Ces villes saintes, placées sous la protection d'une déesse et vouées à son culte, semblent appartenir en propre à la race hétéenne. Telles sont les deux capitales du Sud, Kadesh et Karkemish, et la forteresse de Boghaz-Keuï était sans doute aussi un lieu consacré. La marche des Hétéens à travers l'Asie-Mineure était caractérisée par la fondation de villes sacerdotales et l'institution de prêtresses armées.

Comana, en Cappadoce, et Éphèse, sur les bords de la mer Égée, sont des exemples typiques de deux villes saintes. La population entière servait la divinité à laquelle la ville était consacrée; le sanctuaire s'élevait au centre et l'autorité était dévolue à un grand-prêtre; si, à l'origine, un roi prit place à côté du prêtre, il arriva à occuper, dans la suite, une position toute secondaire.

Ces villes saintes étaient aussi des « asiles » ou villes de refuge. L'homicide s'y retirait pour échapper à ses poursuivants; une fois dans l'enceinte de la ville et sous la protection de la divinité, il ne pouvait être ni molesté, ni mis à mort. Le meurtrier qui avait tué son semblable par accident n'était pas le seul en droit de réclamer un asile contre ses ennemis; le débiteur et le réfugié politique y étaient également en sûreté. Souvent, on abusait, sans doute, du droit d'asile, et de vrais criminels jouissaient des avantages de lois instituées pour protéger les malheureux, à une époque d'illégalité et de vengeance ; néanmoins l'institution était bonne, et, tout en fortifiant la puissance sacerdotale, elle refrenait l'injustice et la violence.

Les villes de refuge n'existaient pas seulement en Asie-Mineure et dans la région occupée par les Hétéens. Il y en avait aussi en Palestine, et il semble probable que cette institution avait été adoptée par le grand législateur hébreu et empruntée aux coutumes des populations antiques du pays. Les villes de refuge étaient au nombre de six : l'une d'elles était Kadesh en Galilée (son nom même la désigne comme ville sainte); une autre, l'antique sanctuaire d'Hébron, avait été jadis occupé par les Hétéens et les Amorrhéens; Sichem, la troisième ville de refuge du côté Est du Jourdain, avait été prise par Jacob des mains des Amorrhéens (*Gen.*, XLVIII, 22). Quant aux trois autres cités, elles étaient toutes situées sur le versant oriental du Jourdain, dans la région si longtemps occupée par les tribus amorrhéennes. Nous sommes donc tentés de nous demander si ces villes n'avaient pas été des « asiles », avant que Moïse n'eut reçu l'ordre de Dieu d'en fonder de semblables pour les conquérants israélites de la Palestine ?

L'art hétéen était intimement lié à la religion. Cette union s'est, en effet, maintes fois rencontrée dans l'histoire de la civilisation ; si bien que nous pouvons arriver à connaître la religion d'un peuple d'après ses monuments. Tel est le cas des sculptures de

Boghaz-Keuï. L'art hétéen était une modification de l'art babylonien, et témoignait de l'influence babylonienne en ce qui concerne le culte de la Mère-Déesse.

Toutefois, si l'art hétéen était essentiellement babylonien quant à son origine, il se modifia profondément entre les mains des artistes hétéens. On fit monter les divinités sur le dos d'animaux, comme sur les cylindres babyloniens; les murs des palais furent ornés de longues suites de bas-reliefs, comme en Chaldée et en Assyrie, et il y eut la même tendance à affronter les animaux. Néanmoins le travail et les détails qui furent introduits étaient purement indigènes; ainsi le symbole du disque solaire ailé donne à la sculpture hétéenne un caractère spécial, sur lequel on ne peut se méprendre. L'artiste excellait dans les représentations de la forme animale; mais les lions, qu'il semble ne s'être jamais lassé de représenter, sont traités d'une manière originale qui les distingue des lions sculptés, soit en Babylonie, soit en tout autre pays. Il en est de même de la figure humaine; quoique la conception générale ait été tirée de l'art babylonien, la facture est nouvelle et originale. Ceux qui ont vu une seule fois l'image d'un guerrier hétéen ou d'un dieu ne peuvent plus les confondre avec les productions artistiques d'une autre race. L'individu est évidemment dessiné d'après les observations journalières du sculpteur. Le costume et les chaussures aux bouts recourbés, la rondeur des formes, le profil étrange, étaient copiés d'après le costume et le type des compatriotes; la ressemblance frappante qui existe entre leur représentation et celle que nous trouvons sur les monuments égyptiens prouve combien les artistes étaient consciencieux. En un mot, si les éléments de l'art babylonien se retrouvent dans l'art hétéen, la facture est différente, le choix des sujets indépendant.

C'est dans ce choix et dans la combinaison plus ou moins heureuse des éléments dont on disposait, que se montre le plus clairement son origine. Les monstres qui unissaient l'animalité aux formes humaines étaient connus des Babyloniens; toutefois ce furent les Hétéens qui inventèrent l'aigle bicéphale et qui plantèrent une tête humaine sur une gaîne formée de lions. Le motif gracieux et décoratif en forme de câble se présente une ou deux fois seulement sur les intailles babyloniennes; mais il devint un des traits caractéristiques de l'art hétéen, comme l'emploi des têtes d'animaux au lieu du corps entier, la partie pour le tout!

Si l'agencement héraldique des animaux affrontés ou plus rarement adossés a eu son point de départ en Chaldée, ce furent les Hétéens qui l'élevèrent à la hauteur d'une règle. Nous pouvons assigner ce fait à leur amour pour la forme animale.

L'influence babylonienne s'est fait sentir, sans doute, vers la XVIII° dynastie égyptienne, alors que les tablettes cunéiformes de Tell el Amarna représentent les tribus hétéennes descendant vers le sud dans les plaines syriennes; on pourrait aussi la faire remonter plus haut. Nous n'avons pas, en ce moment, de documents qui permettent de trancher la question;

mais il y a un fait certain : c'est qu'il y eut un temps où les Hétéens furent profondément imbus de la civilisation, de la religion et de l'art de la Chaldée, et peut-être même antérieurement à leur établissement en Syrie.

Il est plus facile de fixer l'époque où le sculpteur hétéen reçut les inspirations de l'art égyptien et produisit les sphinx d'Euyuk et la statue assise du Sipyle. Ce ne put avoir lieu que sous Ramsès II, au moment des grandes guerres entre l'Égypte et les princes hétéens, au XIV° siècle avant notre ère. L'influence de l'Égypte ne fut que passagère, et toutefois ce fut à elle que les Hétéens durent la notion de l'écriture hiéroglyphique.

A une date postérieure, l'influence babylonienne fut absorbée par celle de l'Assyrie. Les sculpteurs de Karkemish trahissent l'existence de modèles assyriens. La figure ailée de la déesse de Karkemish, actuellement au Musée britannique, est assyrienne de style et de caractère, mais il est possible que d'autres images drapées de la déesse soient venues de la même source. En Chaldée, Istar est représentée nue.

M. Perrot[1] a prouvé qu'il faut chercher les commencements de l'art hétéen en Syrie, sur les versants Sud du Taurus, d'où il se serait propagé parmi les tribus de la Cappadoce. C'est, en effet, dans la Syrie du Nord qu'ont été trouvés les essais les plus grossiers et les plus enfantins. Les sculpteurs d'Euyuk

---

[1] Voy. *Hist. de l'Art dans l'Antiquité*, t. IV, Cappadoce, pp. 785 et suiv. (N. T.).

étaient déjà plus expérimentés. On est également redevable à M. Perrot de la découverte d'objets en bronze de fabrication hétéenne. Leur exécution est à la fois barbare et de convention. Rien ne peut surpasser la grossièreté d'une statuette actuellement au Louvre, représentant un dieu coiffé de la tiare pointue, debout sur le dos d'un animal. Quoique la figure du dieu ait été évidemment modelée avec soin, il est impossible de dire à quelle espèce zoologique appartient l'animal qui le supporte. L'image d'un taureau, également au Louvre, est tout aussi éloignée de la nature.

S'il faut considérer ces bronzes comme l'effort le plus heureux de la métallurgie hétéenne, il n'y a pas lieu de regretter que les spécimens soient peu nombreux ; mais il en est autrement des intailles, qui, pour la plupart, sont extrêmement belles ; par exemple, un cylindre en hématite, découvert en Cappadoce, va de pair avec les meilleurs produits de l'art babylonien. On avait l'habitude de se servir des intailles ou des cylindres comme de sceaux, et certains cachets sont pourvus de bélières taillées dans la pierre et revêtus de sujets gravés sur quatre et parfois cinq de leurs faces. Ces bélières paraissent avoir été spéciales à l'art hétéen, ou au moins à l'art qui tirait son inspiration de celui des Hétéens. On peut remarquer sur beaucoup d'intailles une autre particularité, qui consiste à entourer le champ intérieur de la scène gravée de deux ou plusieurs zones concentriques ; chaque zone contient une série de scènes et d'ornements très soignés, entremêlés de caractères, bien que ceux-ci soient habituellement placés dans le champ. Ainsi, on a trouvé à Yuzgat, en Cappadoce, deux intailles tellement semblables qu'elles doivent avoir été l'œuvre du même artiste. Sur la plus grande, une inscription gravée au centre est entourée d'un cercle contenant un grand nombre de sujets admirablement exécutés. Le disque solaire ailé protège le symbole de la royauté; des deux côtés, un personnage à genoux moitié homme, moitié taureau; à droite et à gauche, un pontife debout; derrière, à gauche, un homme en adoration devant un tronc d'arbre (?); à droite se trouvent mêlés un arbre, deux flèches et un carquois, un panier, une tête de cerf et une divinité assise; au-dessus de la main de cette dernière, un oiseau. Les deux groupes sont séparés par le dessin d'une botte, — peut-être le symbole de la terre? — qui abrite, comme le disque solaire ailé, le symbole de la royauté. La plus petite intaille présente au centre une inscription différente entourée de deux cercles : l'un contient une série de sujets, et l'autre les mêmes dessins que ceux qui sont gravés sur l'autre cylindre, sauf une modification dans l'arrangement des motifs et l'adjonction d'un arbre. Une particularité curieuse à relever, c'est qu'on a trouvé à Aïdin (dans une partie fort reculée de l'Asie-Mineure) une intaille avec une inscription centrale identique à celle du plus petit des cachets recueillis à Yuzgat, bien que les dessins ne soient pas semblables.

Ces sceaux circulaires doivent être considérés non seulement comme spéciaux à l'art des Hétéens, mais aussi comme un produit de leur génie. Nous ne rencontrons rien de semblable en Chaldée et en Assyrie.

On peut retrouver les traces des intailles depuis la mer Égée jusqu'aux rivages de la Grèce. Parmi les objets découverts par le D\ Schliemann, à Mycènes, figurent deux anneaux en or, et sur les chatons on voit des dessins gravés dans le style que nous qualifions d'hétéen ou tout au moins que nous croyons tel. Sur l'un il y a deux rangées de têtes d'animaux; sur l'autre, un dessin soigné qui rappelle les motifs propres à l'Asie-Mineure. Il représente une femme sous un arbre, faisant face à deux autres personnages avec des chaussures aux bouts recourbés et des robes flottantes, comme sur les sculptures hétéennes, tandis que le champ est chargé de têtes d'animaux.

Ces intailles ne sont pas les seules indications fournies par les ruines de Mycènes, en ce qui concerne l'influence hétéenne au delà des rivages de l'Asie-Mineure.

Nous avons déjà fait allusion à l'image de la déesse hétéenne et aux colombes perchées sur le fronton d'un temple ; une autre image en or fin représente cette déesse assise sur le rocher du Sipyle, telle qu'elle était avant que la pluie et les injures du temps n'en eussent fait la « pleurante Niobé ». Toutefois, l'exemple le plus saisissant de la migration vers l'Ouest de l'influence hétéenne se trouve dans les fameux lions en pierre de la porte de Mycènes. Ces lions ont été considérés pendant longtemps comme le plus antique morceau de sculpture connu en Europe, mais l'art qui l'inspira était d'origine hétéenne. Un bas-relief semblable a été découvert à Kümbet, en Phrygie[1], dans le voisinage immédiat des monuments hétéens, et nous avons vu précisément que la position héraldique dans laquelle les lions sont représentés était un trait particulier de l'art hétéen.

La tradition grecque affirmait que les chefs de Mycènes étaient venus de Lydie, apportant avec eux la civilisation et les trésors de l'Asie-Mineure. Cette tradition a été confirmée par les recherches de la science moderne. Tandis que certains éléments appartenant à la culture préhistorique de la Grèce, telle qu'elle a été révélée à Mycènes et en autres lieux, étaient tirés de l'Égypte et de la Phénicie; d'autres indiquent l'Asie-Mineure comme lieu de provenance. Or, la civilisation de l'Asie-Mineure était hétéenne. M. Gladstone peut donc voir avec raison des Hétéens dans les *Keteoi* d'Homère, lorsque le poète raconte les gloires légendaires de Mycènes et de la dynastie lydienne qui l'avait en son pouvoir! La boucle même, à l'aide de laquelle le Grec préhistorique attachait son manteau, a été prise à témoin par un savant allemand pour la démonstration de certain arrangement du costume, tel que nous le voyons sur le bas-relief d'Ibreez.

Cette résurrection, après ce long sommeil d'oubli, nous offre un double intérêt. Les peuples hétéens en appellent aux modernes, non seulement à cause de l'influence qu'ils ont exercée sur les destinées du

---

[1] Voy. *Hist. de l'Art dans l'Antiquité*, t. V, Phrygie, p. 128 (N. T.).

peuple de Dieu, et parce qu'une femme hétéenne a été l'épouse de David et l'ancêtre du Christ, mais aussi à cause de la dette que l'Europe a contractée envers eux. Notre civilisation est un héritage que nous avons reçu de la Grèce antique; or les premiers essais de la civilisation grecque sont dus aux conquérants hétéens de l'Asie-Mineure. — Les guerriers qui gardent encore le défilé de Karabel, au seuil même de l'Asie, sont les symboles de la position occupée par la race qui présida à l'éducation de l'humanité. Les Hétéens portèrent la civilisation vieillie de la Babylonie et de l'Égypte jusqu'aux limites extrêmes de l'Asie, et, à l'aurore nébuleuse de l'histoire européenne, ils la transmirent à l'Occident; mais ils ne franchirent jamais cette frontière. Avec la conquête de la Lydie, leur mission était terminée; l'œuvre qui leur avait été assignée était accomplie.

INSCRIPTION TROUVÉE A KARKEMISH
(MAINTENANT DÉTRUITE)

VII

LES INSCRIPTIONS

On est en droit de demander au savant comment on peut réussir à reconstituer l'histoire d'un peuple, à moins d'avoir comme auxiliaires les documents que ce peuple a laissés derrière lui? Par exemple, comment arriver à être renseigné sur les Hétéens, tant que les rares inscriptions que nous possédons n'auront point été déchiffrées? La réponse à cette question a été donnée dans les pages précédentes. Quoique les inscriptions hétéennes ne soient pas encore déchiffrées et que leur nombre soit très restreint, il y a d'autres matériaux qui permettent de reconstituer l'histoire de cette race; et, qui plus est, ces textes ont maintenant trouvé un interprète.

Les monuments figurés que les Hétéens ont laissés derrière eux, les intailles qu'ils ont gravées, les villes qu'ils ont habitées, les souvenirs conservés à la fois dans l'Ancien Testament, les inscriptions cunéiformes et les papyrus égyptiens ont concouru à réédifier le puissant empire qui exerça jadis une influence si profonde sur les destinées du monde civilisé. Les inscriptions toutefois n'ont pas été inutiles ; elles ont servi à relier les uns aux autres les monuments épars de la domination hétéenne et permis de prouver que l'art qu'ils révèlent était d'origine hétéenne. Ce sont les quelques hiéroglyphes gravés près du guerrier du Défilé de Karabel et de la déesse du mont Sipyle qui attestent l'origine hétéenne de ces sculptures. Ce sont également les inscriptions en caractères hétéens qui ont aidé à suivre la marche des armées hétéennes sur les grandes routes de l'Asie-Mineure et donné la certitude de la présence de princes hétéens à Hamath.

Les textes hétéens se distinguent par deux caractères : sauf une seule exception, les hiéroglyphes qui les composent sont taillés en reliefs, non en creux, et les lignes se lisent alternativement, de droite à gauche et de gauche à droite. La direction des caractères détermine le sens dans lequel il faut les lire. Le système *boustrophédon* caractérise également les inscriptions grecques archaïques, et depuis lors ce système n'ayant été adopté ni par les Phéniciens, ni par les Égyptiens, ni par les Assyriens, on peut se demander si les Grecs ne l'avaient pas emprunté à des voisins qui se servaient de l'écriture hétéenne?

Un autre signe non moins caractéristique de cette écriture, c'est le fréquent emploi des têtes d'hommes et d'animaux ; on trouve très rarement le dessin du corps entier. La tête seule semble suffire. — Cette particularité distingue les hiéroglyphes hétéens de ceux de l'Égypte. D'un autre côté, un rapide examen des caractères suffit pour prouver que les Hétéens ne pouvaient pas les avoir empruntés aux Égyptiens ; les deux formes d'écritures sont complètement différentes. Les deux caractères hétéens que l'on rencontre le plus fréquemment sont les *snow-boots* et le gant dépourvu de doigt, qui, comme nous l'avons vu, témoignent de l'origine septentrionale des tribus hétéennes, tandis que l'idéogramme indiquant « un pays » semble la représentation des pics élevés du plateau de la Cappadoce. Il y a donc lieu de supposer que le système graphique a été inventé en Cappadoce, et non dans les régions méridionales de la Syrie ou du pays de Canaan.

D'après ce qui précède, nous pouvons arriver à la conclusion suivante : c'est que l'invention du système graphique prit naissance du contact des Hétéens avec les Égyptiens, et d'après la connaissance des procédés épigraphiques de ces derniers. Des exemples semblables se sont présentés dans les temps modernes. Dans l'Amérique du Nord, un Indien Cherokee, ayant vu les livres des blancs, fut conduit, par leur étude, à former pour ses compatriotes un mode d'écriture fort ingénieux ; le curieux syllabaire, inventé pour les nègres Vei par un des leurs, procède de la même origine. Nous sommes donc autorisés à croire que la vue des hiéroglyphes égyptiens et la notion que les idées pouvaient être rendues par ce moyen, suggérèrent à quelque scribe hétéen l'invention d'un mode de communication semblable.

De toutes façons, il est évident que les caractères hétéens sont employés comme les caractères égyptiens, — parfois idéographiquement, pour représenter des idées, — d'autres fois phonétiquement, pour exprimer des syllabes et des sons, — enfin comme déterminatifs, pour indiquer la classe à laquelle appartient le mot auquel ils sont joints. — Il est probable, de plus, qu'un mot ou un son a été souvent rendu par la multiplication des caractères qui exprimaient le tout ou la partie, comme c'était le cas pour l'écriture égyptienne, au temps de Ramsès II. A cette époque, le nombre des signes employés par les Hétéens était moins considérable que celui dont disposaient les scribes égyptiens. Jusqu'ici, on en connaît à peine deux cents, quoique chaque nouvelle inscription vienne, pour ainsi dire, en ajouter quelques-uns à cette liste.

Les plaques de métal semblent avoir été, dès la plus haute antiquité, la matière favorite des Hétéens; les caractères étaient obtenus au moyen d'un travail au repoussé. Tel était l'exemplaire du traité conclu avec Ramsès II; le centre de la plaque était occupé par l'image du dieu Soutekh embrassant un roi hétéen, et autour se déployait une courte ligne d'hiéroglyphes. Cette décoration centrale, entourée d'une bande de dessins concentriques, était d'accord avec le style habituel de l'art hétéen. Les monuments égyptiens nous font connaître la forme de la plaque de métal : elle était rectangulaire, et, au sommet, un anneau permettait de la suspendre au mur. — Si jamais on découvre la tombe d'Ur-Mea

Noferu-Ra, l'épouse hétéenne de Ramsès II, il se peut qu'on retrouve un exemplaire de ce fameux traité.

Il est certain que les Hétéens formaient, dès cette époque, une nation lettrée. Les annales égyptiennes font mention d'un certain Khilip-Sira (dont le nom est composé avec celui de *Khilip* ou *Alep*), et le désignent comme *scribe du vil Khêta*. — Le monarque hétéen, de même que le Pharaon égyptien, était suivi par ses scribes dans les combats. Si Kirjath-sepher, « la ville des livres », située dans le voisinage d'Hébron, était d'origine hétéenne, les Hétéens auraient donc eu, comme les Assyriens, des bibliothèques que l'on pourrait encore fouiller. Kirjath-sepher était appelée aussi Debir, le sanctuaire; de sorte qu'il est permis de supposer que sa bibliothèque, comme celles de la Babylonie, était établie dans le plus grand sanctuaire. Il y avait une autre ville appelée Debir ou Dapur située plus au nord, dans le voisinage de Kadesh sur l'Oronte, et mentionnée dans les inscriptions égyptiennes; or, puisque cette dernière se trouvait dans le pays des Amorrhéens, tandis que Kirjath-Sepher est désignée comme étant une ville amorrhéenne, il se peut qu'on arrive à y découvrir les restes d'une bibliothèque antique. Il ne faut pas oublier qu'au temps de Déborah, c'était du pays situé « hors de Zabulon », au nord de Mageddo, que venaient ceux qui tenaient la plume du scribe (Jug., V, 14).

Les inscriptions récemment découvertes à Tell el Amarna, en Égypte, nous montrent qu'un siècle avant l'Exode, la langue et l'écriture cunéiformes de la Babylonie formaient les éléments des transactions littéraires de l'Asie-Occidentale. Ce fut plus tard que les Hétéens s'avancèrent vers le Sud et apportèrent avec eux leur propre système d'écriture hiéroglyphique; mais les caractères cunéiformes continuèrent à être employés dans la région hétéenne. On a acheté à Césarée des tablettes cunéiformes provenant de quelque vieille bibliothèque de la Cappadoce, dont le siège est encore inconnu. Le Dr Humann a découvert récemment une longue inscription cunéiforme parmi les sculptures hétéennes de Sinjirli, dans l'antique Commagène. Si l'on parvient à déchiffrer les textes hétéens, ce sera à l'aide de l'écriture cunéiforme. On en a déjà tenté l'essai. Un mois après la lecture de mon mémoire devant la Société d'Archéologie biblique[1], annonçant la découverte d'un empire hétéen et la parenté de l'art de l'Asie-Mineure avec celui de Karkemish, une inscription bilingue, en caractères cunéiformes et hétéens[2], tomba entre mes mains. C'était la plaque d'argent du roi Tarkondémos, la seule clef que nous possédions jusqu'ici pour servir à l'interprétation des textes hétéens.

L'histoire de cette plaque est curieuse. Elle fut achetée à Smyrne, il y a plusieurs années, par M. A. Jovanoff, le numismate bien connu de Constantinople, qui la montra au Dr A.-D. Mordtmann.

[1] *Trans. of the Soc. of Bibl. Arch.*, vol. VII, pp. 248-923, 1880-82 (N. T.).
[2] *Proceedings of the Soc. of Bibl. Arch.*, 5 mai 1885 (N. T.).

Celui-ci en fit un dessin et constata que c'était une plaque ronde, en argent, probablement la poignée d'une dague ou d'un poignard ; autour, près du bord, se développe une inscription en caractères cunéiformes ; un guerrier, d'un style et d'un art nouveaux et inconnus, occupe le centre. Ce guerrier est debout ; il tient une lance de la main droite et presse la gauche contre lui. Il est vêtu d'une tunique sur laquelle est

PLAQUE DE TARKONDÈMOS

jeté un manteau frangé ; il porte sur la tête une calotte ronde ; il est chaussé de bottes aux bouts recourbés. La partie supérieure des jambes est nue ; un poignard est passé dans la ceinture. Des deux côtés du personnage se développe une série de « symboles » identiques, à la différence que, du côté droit, les symboles du haut sont plus petits, et les symboles du bas plus grands que ceux du côté gauche.

Dans un article sur les inscriptions cunéiformes

de Van, publié il y a quelques années, le Dr Mordtmann citait cette plaque, et la description qu'il faisait du groupe principal appela mon attention. Je compris sur le champ que ce personnage devait être du style que j'avais qualifié d'hétéen, et je devinai que les symboles qui l'accompagnaient étaient des hiéroglyphes hétéens. Le Dr Mordtmann disait qu'il avait donné un dessin de la plaque, en 1862, dans le *Journal de Numismatique* qui paraît à Hanovre. Après de longues et fatigantes recherches, je découvris que la publication à laquelle il faisait allusion n'était pas un journal; qu'elle avait paru, non à Leipzig, mais à Hanovre, en 1863, et non pas en 1862. Le dessin de la plaque inséré dans l'article montrait que j'avais raison de croire que les symboles du Dr Mordtmann devaient être des caractères hétéens.

Il fallait donc savoir jusqu'à quel point le dessin était correct, et si l'original existait encore. Une réponse me vint bientôt du Musée britannique. La plaque avait été jadis offerte au Musée, mais on l'avait refusée, en alléguant qu'on n'avait jamais rien vu de semblable, et qu'on soupçonnait quelque falsification. Avant de s'en dessaisir, toutefois, on en avait obtenu une reproduction galvanoplastique, dont une empreinte me fut envoyée. Peu après vint une autre communication de M. F. Lenormant, un des orientalistes les plus sagaces et un des savants les plus brillants de notre époque. Il avait vu l'original à Constantinople vingt ans avant, et en avait fait faire un moulage qu'il m'envoya. Le moulage et la reproduction concordaient exactement.

Il ne pouvait donc y avoir aucun doute ; nous avions sous les yeux, sinon l'original, au moins un parfait fac-simile. L'importance de ce fait devint bientôt capitale. L'original disparut après la mort de M. Jovanoff ; et malgré toutes nos recherches on n'en put découvrir la trace. Il fut sans doute recueilli dans les bazars de Constantinople ou dans quelque collection privée de Saint-Pétersbourg. On ignore le nom du possesseur actuel.

La lecture de la légende cunéiforme offre peu de difficultés ; elle nous donne le nom et le titre du roi dont la figure est représentée dans le champ : « Tarqu-dimme, roi du pays d'Erme ».

Le nom Tarqu-dimme est évidemment le même que celui du prince cilicien Tarkondêmos ou Tarkondimotos, qui vivait au temps de Notre-Seigneur. On rencontre aussi ce nom dans d'autres parties de l'Asie-Mineure sous les formes de Tarkondas ou Tarkondimatos ; et nous pouvons le considérer comme étant d'un type hétéen différent. Nous n'avons aucune donnée sur le pays où régnait Tarqu-dimme. Serait-ce la chaîne de montagnes appelée *Arima* par les auteurs classiques, non loin des monuments hétéens du Bulgar-Dagh ? En ce cas, Tarkondêmos aurait été un roi cilicien.

La version hétéenne de la légende cunéiforme, répétée deux fois, a été l'objet de grandes discussions. La disposition des caractères, due à la nécessité de remplir l'espace vide de la plaque plutôt qu'aux exigences de leur ordre naturel, donnait lieu à diverses interprétations ; mais deux faits fournissaient la clef pour leur véritable lecture. D'un côté, l'inscription est divisée en deux parties par deux caractères dont la forme et la position, dans d'autres textes hétéens, les désignent comme signifiant « roi » et « pays »; de l'autre, les deux premiers caractères semblent sortir de la bouche du roi et concourir à former l'expression de son nom. On obtient ainsi la lecture : *Tarku-dimme, roi du pays d'Erme;* les syllabes *Tarku* et *me* étant indiquées par la tête de chèvre et le nombre quatre, tandis que les idéogrammes de « roi » et de « pays » sont représentés sur les sculptures hétéennes par la tiare royale portée par des dieux ou des princes et par l'image d'un pays montagneux. Dans l'idéogramme de « pays », Mordtmann avait déjà saisi la ressemblance qui existe avec les pics rocheux du plateau de la Cappadoce.

La plaque bilingue donne donc deux idéogrammes importants et les valeurs phonétiques de quatre autres caractères. Ainsi aidé, on peut attaquer d'autres textes et en obtenir quelque lumière. Il est évident que les inscriptions de Karkemish, maintenant au Musée britannique, sont les monuments d'un roi dont le nom se termine par *me-tarku,* et qui rapporte les noms de son père et de son grand-père. Une inscription appartenant au grand-père a été relevée par M. Boscawen dans les ruines de Karkemish ; malheureusement elle n'a jamais été apportée en Angleterre et elle est probablement détruite depuis longtemps.

De plus, sur le lion de Marasch, un roi rappelle son nom et ceux de ses deux ancêtres. Or, ce nom se retrouve à Hamath comme celui du père du souverain mentionné dans les autres inscriptions de cette provenance; de sorte que nous pouvons en inférer que les monuments de Hamath sont ceux d'un monarque de la Commagène, qui porta vers le Sud ses armes victorieuses.

LE LION DE MARASCH

Un temps viendra, sans doute, où il sera permis de lire sans difficulté ces caractères mystérieux, et nous saurons alors si notre intuition a été correcte?

Pour l'instant, il faut se contenter d'attendre la découverte d'un autre texte bilingue. La légende de la plaque de Tarkondêmos n'est pas assez longue pour conduire sûrement à travers le labyrinthe du déchiffrement des textes hétéens. Avant qu'on fasse quelques progrès, il faut de nouveaux documents; mais la découverte d'une inscription bilingue est un indice assuré de l'existence d'autres inscriptions semblables qui peuvent être remises en lumière, un jour ou l'autre. Il faut compter avec confiance sur l'apparition de ces documents, par lesquels nous saurons comment fut fondé et conservé l'empire des Hétéens, — non d'après les annales de leurs ennemis, mais d'après leur propre témoignage.

Il est peu probable que le système hétéen ait disparu sans laisser de traces de son influence. Comme la culture et l'art que les Hétéens apportèrent aux nations barbares de l'Asie-Mineure s'implantèrent chez eux et produisirent des fruits, il faut croire aussi que la connaissance de l'écriture hétéenne ne périt pas complètement. On a de bonnes raisons de supposer que le curieux syllabaire, qui continua d'être employé à Chypre jusqu'au siècle d'Alexandre-le-Grand, dérive des caractères hétéens. Ce système graphique était peu propre à rendre les articulations du grec (comme c'était le cas à Chypre), et l'on a vu que ce n'était qu'une branche d'un syllabaire jadis employé dans la majeure partie de l'Asie-Mineure, le pays même dans lequel les Hétéens gravèrent leurs propres inscriptions. Il semble donc probable que les caractères hétéens formèrent un syllabaire, dans lequel chaque signe représenta une syllabe séparée, et qu'ils survécurent sous cette forme jusqu'à une époque relativement moderne.

Il est possible aussi que les noms assignés aux lettres mêmes de l'alphabet phénicien subirent l'influence des hiéroglyphes hétéens. — Quand les Phéniciens empruntèrent leurs lettres à l'alphabet égyptien, ils leur donnèrent des noms commençant, dans leur propre langue, par l'articulation représentée par chaque lettre. A fut appelé *Aleph*, parce que le mot phénicien *aleph*, « bœuf, » commençait par ce son. K fut *Kaph*, « main, » parce que *Kaph* en phénicien commençait par K. Ce n'était qu'une application primitive du même principe qui faisait croire à nos grands parents que l'enfant apprenait son alphabet plus vite, si on lui enseignait que « A était un archer qui avait tiré sur une grenouille ». Toutefois ces noms ont dû être assignés aux lettres, non seulement parce qu'ils commençaient par des sons correspondants, mais aussi à cause de leur ressemblance présumée avec des objets indiqués par les noms. Parfois la ressemblance n'est pas aussi frappante. Les formes primitives des lettres appelées *kaph* et *yod*, par exemple, deux mots qui signifient « main », ont peu de ressemblance avec la main humaine. Néanmoins, si nous consultons les hiéroglyphes hétéens, nous y trouvons deux représentations de la main enfoncée dans le gant long, presque identiques comme formes aux lettres phéniciennes. — Il est donc difficile de ne pas accepter l'hypothèse que les lettres *kaph* et *yod* ont reçu leur nom des Syriens;

qui étaient familiarisés avec l'aspect des caractères hétéens. Il en est de même d'*Aleph*.

Dans ce cas, la vieille lettre phénicienne n'accuse aucune ressemblance avec un bœuf, mais avec la tête de taureau qui occupe une place très apparente dans les textes hétéens. *Aleph* devint l'alpha grec, lorsque l'alphabet phénicien fut transmis aux Grecs, et, dans le mot *alphabet,* il fait partie de notre héritage. Comme *yod* a passé par le grec *iota* pour arriver à l'anglais *jot,* il est possible qu'il y ait encore parmi nous des mots d'un emploi journalier, dont il faut rechercher l'origine, sinon dans le langage hétéen, au moins dans la paléographie hétéenne.

Il nous reste encore à apprendre quelle était la langue des Hétéens ; mais les noms propres conservés sur les monuments égyptiens et assyriens montrent qu'ils ne se rattachent pas à la famille sémitique, et une analyse des inscriptions hétéennes atteste l'emploi fréquent des suffixes. Il faut toutefois se garder de supposer que la langue était uniforme dans tout le pays où la population hétéenne était cantonnée. Les tribus parlaient sans doute différents dialectes qui différaient probablement les uns des autres, mais qui appartenaient tous au même type et à la même classe de langue. On peut donc les appeler collectivement *la langue hétéenne,* comme nous appelons *l'Anglais* les divers dialectes de l'Angleterre. Nous retrouvons la même langue à l'Est de la Cappadoce, si nous nous fions aux noms propres rapportés dans les inscriptions assyriennes. Des noms d'une forme hétéenne spéciale se rencontrent jusque sur les frontières de l'ancien royaume d'Ararat, et il se peut que la langue de l'Ararat elle-même, *le Vannique*, appartienne à la même famille. Comme les inscriptions cunéiformes dans lesquelles cette langue est conçue sont maintenant déchiffrées, nous serons bientôt à même de résoudre la question, dès que les textes hétéens nous auront livré leurs secrets.

Au Sud de la Palestine, les Hétéens doivent avoir abandonné leur antique langage et adopté, à une époque primitive, celui de leurs voisins sémites. — Dans la Syrie du Nord, le changement fut plus long à s'opérer. Le dernier roi de Karkemish portait un nom qui n'est pas sémitique; mais un dieu sémitique était adoré à Alep, et Kadesh sur l'Oronte restait un sanctuaire sémitique. L'occupation hétéenne de Hamath semble avoir duré peu de temps. D'après les documents assyriens, son roi, contemporain d'Achab, porte le nom sémitique d'*Irkhulena*[1], « le dieu-lune nous appartient »; et ses successeurs étaient également d'origine sémitique. Il est plus douteux de savoir si *Tou* ou *Toi*, dont le fils vint proposer une alliance à David, porte un nom susceptible d'être expliqué par le lexique sémitique?

Toutefois, dans les gorges du Taurus, les dialectes hétéens disparurent peu à peu. A l'époque de saint Paul[2], le peuple de Lystra parlait encore le *dialecte de la Lycaonie*, quoique celui de la Cappadoce fût depuis longtemps devenu araméen; mais l'araméen

---

[1] Voy. Stèle de Khurkh, W. A. I. III, pl. 7-8, col. II, l. 91 (N. T.).
[2] *Actes des Apôtres*, XIV, 7, 11 (N. T.)

fut lui-même supplanté par le grec, et avant la chute de l'empire romain, le grec était le langage répandu dans toute l'Asie-Mineure. A son tour, le grec a été remplacé, dans les temps modernes, par le turc. Les langues peuvent changer et périr, mais les races qui les ont parlées subsistent; les traits caractéristiques de ces dernières, une fois acquis, s'altèrent lentement. Quoique depuis des siècles on ne comprenne plus l'hétéen, la race hétéenne habite encore la région d'où elle sortit, dans l'antiquité, pour se ruer sur les villes du sud. Nous en retrouvons encore tous les traits dans ceux du guerrier de Karabel et des princes de Karkemish; sur les froids plateaux de la Cappadoce on porte de nos jours le gant et les *snow-boots*.

VIII

LE COMMERCE ET L'INDUSTRIE DES HÉTÉENS

Les Hétéens brillèrent autant dans les arts de la paix que dans ceux de la guerre. Le fait même qu'ils inventèrent un système d'écriture parle hautement en faveur de leurs capacités intellectuelles.

Il n'a été accordé qu'à peu de races humaines de trouver les moyens de faire connaître leurs pensées autrement que par des mots ; la plupart des nations du monde se sont contentées d'emprunter les unes aux autres, non seulement les caractères qu'elles employaient, mais la conception même de leur système graphique. Nous voyons, d'après les ruines de Boghaz-Keuï et d'Euyuk, que les Hétéens n'étaient pas de médiocres architectes ; ils possédaient à fond l'art de la fortification. Le grand fossé qui entoure les murs de Boghaz-Keuï avec ses revêtements de pierre est un chef-d'œuvre, ainsi que les citadelles fortifiées de l'intérieur de la ville dans lesquelles les assiégés pouvaient se retirer, quand le mur extérieur était pris. Les blocs bien équarris et les stèles sculptées avec lesquelles les palais étaient construits prouvent à quel point ils connaissaient l'art de tailler et d'ajuster la pierre. Les mines du Boulgar-Dagh sont une indication non moins manifeste de leur habileté dans la métallurgie[1].

La renommée métallurgique des Chalybes, qui touchaient aux confins du territoire hétéen et qui pouvaient appartenir à la même race, était répandue dans tout le monde grec. Les Chalybes avaient la réputation d'avoir découvert les premiers l'art de tremper le fer. C'est d'eux, en tous cas, que les Grecs l'acquirent.

L'argent et le cuivre semblent, d'après les monuments égyptiens et assyriens, avoir été les métaux les plus recherchés, quoique l'or et le fer figurent aussi parmi les objets que les Hétéens offraient en tribut. L'or et le cuivre étaient transformés en coupes le en statuettes, et le cuivre mêlé à l'étain était changé en bronze. Il nous reste encore à savoir d'où l'on tirait l'étain ?

L'argent et le fer étaient employés, l'un et l'autre, pour les échanges. Le roi d'Assyrie recevait de Karkemish deux cent cinquante talents de fer ; les fouilles du Dʳ Schliemann à Troie ont prouvé que l'argent était également usité chez les Hétéens comme monnaie, et que l'emploi de ce métal fut transmis par eux aux nations les plus éloignées de l'Asie-Mineure.

Dans le trésor de Priam, retrouvé au milieu des

---

[1] Voy. E. Reclus, *Géographie universelle*, t. I, p. 475 (N. T.).

ruines calcinées d'Hissarlik ou Troie, on compte 6 lingots d'argent en forme de lame, de 7 à 8 pouces de long sur 2 de large. M. Barclay V. Head a démontré que chaque lingot pèse le tiers d'une mine babylonienne, et, de plus, que cette mine de 8,656 gr. de Troie fut jadis employée dans toute l'Asie pour peser l'argent en lingot. Elle différait de l'étalon de poids et de valeur employé en Phénicie, en Assyrie et en Asie-Mineure pendant la dernière époque grecque ; mais elle correspondait à la mine de Karkemish qui est mentionnée dans les contrats assyriens et qui continua à avoir cours, même après la conquête de la ville par Sargon. Il est vrai que la mine de Karkemish tirait son origine de la Babylonie, comme la plupart des éléments de la civilisation hétéenne; toutefois elle s'était si bien acclimatée dans cette capitale qu'elle lui emprunta son nom. Rien ne peut démontrer plus clairement la position exceptionnelle occupée par les Hétéens, en général, et la ville de Karkemish, particulièrement en ce qui concerne le commerce et l'industrie [1].

Karkemish fut, par le fait, le centre du transit de l'Asie-Occidentale. Cette ville commandait la grande route qui apportait les produits de la Phénicie et de l'Ouest aux populations civilisées de l'Assyrie et de la Babylonie. C'est cette raison qui la fit si ardemment convoiter par les rois assyriens. Sa prise assurait à Sargon la possession des côtes de la Méditerrannée, et, pour l'Assyrie, la succession du commerce

[1] *Ilios*, trad. par Mme E. Egger, p. 591.—*Academy*, 22 novembre 1879 (N. T.).

et de la richesse qui avaient afflué chez les princes trafiquants de la ville hétéenne.

Le magnifique mobilier qu'ils possédaient est mentionné par Asur-nazir-habal. Comme les monarques d'Israël, ils reposaient sur des couches ornées de plaques d'ivoire, et il se peut même qu'ils en aient été les inventeurs. En tous cas, Tuklat-pal-Asar Ier chassa encore des éléphants dans le voisinage de Karkemish, comme l'avait fait Touthmès III, quatre siècles avant, et les dents d'éléphant étaient au nombre des objets apportés en tribut par les Hétéens aux rois d'Assyrie. Serait-ce aux chasseurs hétéens que l'on est redevable de l'extinction de l'éléphant dans ces parages?

Toutefois les lits d'ivoire n'étaient pas employés pour les festins, comme ils le furent en Assyrie ou chez les Grecs et les Romains à une époque postérieure ; de même que les Égyptiens, les Hétéens étaient assis à table, et leurs sièges étaient pourvus de dossiers et de tabourets de forme curieuse. Les mets étaient placés sur des tables basses aux pieds entrecroisés en forme d'X.

Ainsi que nous pouvons l'apprendre par un bas-relief de Marasch, les Hétéens avaient parfois de la musique pendant leurs banquets. Diverses sortes d'instruments sont représentés sur les monuments, parmi lesquels nous reconnaissons une lyre, une trompette et une sorte de guitare. Il est évident qu'ils étaient passionnés pour la musique, et qu'ils avaient cultivé cet art, ainsi qu'il sied à un peuple auquel la richesse a donné des loisirs. Une curieuse indication de ces délassements se trouve sur une sculpture à Euyuk, où l'on voit un serviteur portant un singe sur ses épaules. Ceux-là seuls qui jouissaient du calme d'une vie pacifique et riche pouvaient se permettre de satisfaire ce goût que les monuments révèlent, en important un animal comme le singe des régions du Sud. Les Hétéens avaient, sans doute, l'humeur guerrière, quand ils fondirent sur les plaines de la Syrie ; mais ils ne tardèrent pas à cultiver les arts de la paix et à devenir un des plus grands peuples marchands du monde antique.

Nous apprenons, par le livre des Rois, que les chevaux et les chars étaient amenés d'Égypte pour les princes hétéens, et que les Israélites servaient d'intermédiaires dans ce trafic ; mais les Hétéens devaient aussi tirer des chevaux du Nord, et même peut-être en élevaient-ils pour leur propre compte ? Le prophète Ezekhiel nous dit (XXVII, 14) « que ceux de Togarma faisaient le trafic, dans les foires de Tyr, des chevaux, des cavaliers et des mulets ». Or, le pays de Togarma a été identifié avec le *Tul-Garimmi*[1] des inscriptions assyriennes, et était situé dans la Commagène. Dans les guerres entre l'Égypte et Kadesh, une partie de l'armée hétéenne combattait sur des chars ; chaque char était traîné par deux chevaux et contenait quelquefois deux et trois hommes. Les chars étaient légers et étaient supportés sur deux roues, généralement formées de six rayons.

L'armée était bien disciplinée et bien pourvue. Son

noyau était formé d'Hétéens qui occupaient le centre et les postes de danger. Autour étaient rangés les alliés et les mercenaires, sous le commandement de généraux spéciaux. L'infanterie et la cavalerie indigène obéissaient à des capitaines indépendants; mais l'armée entière était conduite par un seul chef.

Nous avons encore besoin d'être renseignés sur l'architecture domestique. Boghaz-Keuï et Euyuk, Karkemish ou Singirli nous ont fait connaître le rez-de-chaussée des palais; ceux-ci étaient construits autour d'une cour centrale de forme quadrangulaire. L'entrée, comme celle d'un temple égyptien, était flanquée de chaque côté par de massifs blocs de pierre, et l'on y accédait par une avenue de bas-reliefs sculptés. Nous avons appris, de plus, que les palais étaient élevés sur des terrasses et des monticules; excepté ces détails nous savons peu de choses; sauf qu'on se servait d'un pilier sans base originairement tiré de la Babylonie, berceau de l'architecture à colonnes.

Quant au costume hétéen, nous avons plus de renseignements; à côté des *snow-boots* ou mocassins, qui ont permis de classer les fragments des monuments, nous avons constaté que les Hétéens portaient sur la tête deux sortes de coiffures, — la petite calotte bien serrée sur le crâne, — et la tiare élevée, généralement pointue, mais parfois arrondie au sommet ou ornée, comme à Ibreez, de rubans en forme de cornes. La tiare pointue était recouverte de dessins et de broderies tracés perpendiculairement. — A Boghaz-Keuï, la Déesse porte la couronne que l'on est convenu d'appeler murale, et qui ressemble aux fortifications d'une ville.

Les vêtements des femmes descendaient jusqu'aux pieds, telle la robe aux longues manches des prêtres ; mais les fidèles étaient revêtus d'une tunique qui découvrait les genoux et s'attachait à la taille par une ceinture. Un manteau était jeté dessus, et, en marchant, il laissait une jambe à découvert. Dans la ceinture était passé un court poignard ; les autres armes étaient une lance et un arc rejeté derrière le dos. La hache à double tranchant était aussi une arme des Hétéens et fut portée par eux jusque sur le littoral de la mer Égée, où, à l'époque grecque, elle devint le symbole du Zeus Carien et de l'Ile de Ténélos. Toutes ces armes étaient en bronze ou peut-être en fer ; mais il y a des indices qui laissent croire que les tribus hétéennes s'étaient jadis contentées d'instruments et d'armes de pierre.

Non loin de l'emplacement d'Arpad[1], M. Boscawen a acheté une magnifique tête de hache en pierre verte, laquelle, malgré son admirable poli, ne pouvait pas avoir servi à un usage moderne. C'était une arme de sacrificateur, survivant au service des dieux et provenant de l'époque où le travail du métal n'était pas encore connu. Comme les autres reliques du culte, cette hache témoignait de l'existence d'une caste

---

[1] Ville antique mentionnée dans les textes assyriens et dans la Bible, maintenant *Tell Erfad*, à trois milles au Nord d'Alep et à un demi-mille au Sud d'Azaz. Voy. Noldeke dans ZDMG, xxv, 258, etc., et Kiepert, *ibid.*, 655 (N. T.).

disparue depuis longtemps. Dans le voisinage d'Éphèse, j'ai acheté une petite hache, également en pierre verte, qui a une ressemblance remarquable, comme forme, avec celle que M. Boscawen a recueillie à Arpad. L'importance de ce fait devient manifeste, si nous comparons les nombreuses armes ou objets en pierre polie trouvés dans l'Asie-Occidentale qui affectent une forme totalement différente. On peut conclure qu'Arpad et Éphèse étaient deux foyers de la civilisation hétéenne, et que cette hache, provenant de l'âge de pierre primitif, était affectée au service des dieux.

Les vêtements de drap et de linge dont s'habillaient les Hétéens étaient teints de diverses couleurs et ornés de franges et de riches dessins. Celui du pontife d'Ibreez mérite une étude spéciale. Parmi les dessins de broderie, on retrouve le même motif carré qui se voit sur la paroi extérieure du tombeau du roi phrygien Midas, ainsi que le curieux symbole connu habituellement comme le *swastika,* devenu si fameux depuis les fouilles du général de Cesnola à Chypre et du Dr Schliemann à Troie. Ce symbole est répété à satiété sur la poterie préhistorique de Chypre et de la plaine de Troie [1] ; mais on n'en a jamais trouvé la trace en Égypte, en Assyrie ou en Babylonie. Seules, entre tous les vestiges des nations civilisées de l'antique Orient, les sculptures rupestres d'Ibreez

---

[1] Voy. *Cyprus*, pl. XLIV, XLV, XLVII. — *Ilios*, trad. de Mme E. Egger, chap. VI, p. 507 et suiv., — et les remarques de M. Sayce, p. 528 (N. T.).

le montrent sur la robe d'un pontife lycaonien. Ce symbole avait-il été inventé par le peuple hétéen qui le communiqua aux grossières tribus d'Asie-Mineure avec les autres éléments d'une vie civilisée, ou bien était-il d'origine barbare et avait-il été emprunté, par les Hétéens, à la population primitive de l'Occident?

Avant de conclure, il faut que nous soyons plus amplement renseignés sur la race étonnante et depuis si longtemps oubliée, dont la récente réapparition dans l'histoire a été une des plus curieuses découvertes de l'époque. — Quand l'emplacement des antiques villes des Hétéens aura été exploré complètement, que les monuments auront été exhumés et les inscriptions déchiffrées et lues, nous connaîtrons sans doute les réponses à ces questions. Pour l'instant, il faut se contenter de ce qui a déjà été obtenu. La lumière s'est faite sur une page obscure de l'histoire de l'Asie-Occidentale et, par elle, sur les annales de l'Ancien Testament. Un peuple, qui a exercé une influence profonde sur les destinées d'Israël, a pris place au premier rang de la science moderne; bien qu'il n'eût eu jusqu'ici d'autre importance que celle d'une simple mention. Alors que chaque mot de l'Écriture est analysé avec minutie, tantôt par des partisans, tantôt par des détracteurs, nous apprenons que les faits supposés jadis attentatoires à l'autorité du récit sacré sont devenus les meilleurs garants de sa véracité. — Les amis d'Abraham, les alliés de David, la mère de Salomon appartenaient tous à une race qui a laissé des marques indélébiles dans l'histoire du monde, bien qu'il ait été réservé à notre génération, dans la sagesse de Dieu, de la découvrir et d'en suivre les traces!

FIN.

APPENDICES

APPENDICES

I

LES INSCRIPTIONS DE HAMATH

ESSAI DE TRADUCTION

La lecture des inscriptions hétéennes ne pourra s'accomplir sans tâtonnements, sans essais plus ou moins heureux; mais ces essais ne doivent pas être faits au hasard. Les précédents sont déjà suffisants pour être consultés avec fruit et nous faire éviter les chances d'erreur que l'insuccès signale.

Pour se rendre compte de la marche des progrès qu'on obtiendra dans l'étude de ces textes, je rappellerai succinctement la voie dans laquelle ils peuvent s'accomplir.

L'écriture hétéenne est composée de signes hiéroglyphiques analogues à ceux de l'Égypte, plus ou moins altérés suivant le temps et les lieux. Les uns semblent avoir plus spécialement une valeur idéographique, les autres une valeur phonétique. Dès qu'on peut reconnaître la présence d'un signe idéographique et en déterminer la signification, on arrive à comprendre, sans le secours de la langue, le sens du passage dans lequel il se trouve, et quelquefois même à déterminer la valeur phonétique des caractères qui servent à le transcrire ou à en exprimer les flexions. Ce sont donc les signes idéographiques qu'il s'agit de déterminer avant tout.

La curieuse inscription bilingue de Tarkondêmos est celle qui doit être l'objet des premières études ; elle a permis de reconnaître sûrement les idéogrammes qui expriment les idées de « Roi » et de « Pays ». Quant aux caractères phonétiques, dont la valeur est plus ou moins rigoureusement déterminée, le nombre en est assez restreint ; l'inscription de Tarkondêmos en donne quatre, et j'en compte à peine dix ou douze en plus. Ces caractères semblent avoir des valeurs analogues à celles des signes du syllabaire assyrien ; ils représentent des voyelles et des syllabes simples ou complexes. Ce n'est pas sans une certaine appréhension qu'on se demande s'ils n'offriront pas les difficultés que les assyriologues ont rencontrées au sujet de la polyphonie ?

Le petit nombre des valeurs phonétiques déjà dégagées ne suffit pas pour avoir une juste appréciation de l'idiome que cette écriture sert à exprimer. Il serait téméraire de s'en former une idée préconçue ;

c'est tout au plus si la position de quelques signes qui paraissent exprimer des suffixes, l'absence présumée de préfixes et un certain ordre dans le groupement des signes a permis de croire qu'on n'était pas en présence d'une langue sémitique [1]? — D'un autre côté, les renseignements qu'on possède sur l'histoire de la vie du peuple hétéen font repousser d'avance toute recherche du côté des langues ariennes [2]. On se trouve ainsi rejeté dans le vaste inconnu des langues, qu'on désigne, faute d'une expression meilleure, sous la dénomination d'idiomes touraniens.

Les grands monuments de Iasili-Kaïa (la Roche écrite) doivent attirer particulièrement ici l'attention. En effet, M. Sayce a constaté sur ces bas-reliefs des symboles qui ne sont autres que les noms encore inconnus des Dieux du Panthéon hétéen ; ils sont toujours précédés d'un signe idéographique exprimant l'idée abstraite de la divinité [3].

C'est donc, au début des recherches, le rôle des signes idéographiques qu'il faut s'attacher à découvrir, pour déterminer le sens probable des inscriptions ou des passages qu'on se propose d'examiner.

Après avoir étudié le monument bilingue de Tarkondêmos, les inscriptions de Hamath se présentent

[1] *Decipherment of the Hittite Inscriptions*, dans Wright, *The Empire of the Hittites*, p. 197.
[2] *The monuments of the Hittites*, dans les *Transactions of the S. B. A.*, vol. VII, p. 251.
[3] *Ibid.*, pp. 255 et suiv.

dans les conditions les plus favorables. Trois d'entre elles renferment un texte assez succinct, mais à peu près identique; elles ne diffèrent que par les variantes de quelques passages sans influence sur le sens général, que la présence des idéogrammes ayant la signification de « Roi » et de « Pays » permet de dégager.

Pour expliquer la priorité que j'accorde à l'étude de ces inscriptions, il n'est pas sans intérêt de rappeler la nature des monuments sur lesquels elles sont gravées. Ce sont d'énormes pierres qu'on a découvertes à Hamah, encastrées dans les murs de constructions modernes ; pour remuer l'une d'elles, on a employé cinquante hommes et quatre bœufs! C'est assez faire comprendre que ces pierres proviennent d'une construction antique qui s'élevait dans la localité même où elles ont été trouvées. D'après leur forme et la disposition de l'écriture, elles devaient occuper une position analogue à celles qu'elles avaient dans la construction primitive ; elles figuraient jadis dans la muraille d'un édifice public, de manière que le peuple, qui comprenait cette écriture et cette langue, pouvait lire facilement les inscriptions.

La coupure indiquée par les idéogrammes « Pays » et « Roi » m'a fait supposer que ces inscriptions devaient être rédigées suivant une formule fréquente dans l'antique Orient; de Sacy en a constaté le sens dans certaines inscriptions pehlvies qui ont servi de point de départ aux découvertes de Grotefend, et lui ont permis de lire les courtes inscriptions gravées par Darius et Xerxès sur les murs de Persépolis, avant de les lire et même avant de savoir dans quelle langue elles étaient conçues. C'est la formule traditionnelle adoptée, dans certains cas, par les rois d'Assyrie à Ninive et à Kalakh, ainsi que par les rois susiens à Suse et ceux d'Arménie à Van. Elle est dans la mémoire de tous ceux qui se sont préoccupés de ces monuments ; il me suffit d'y faire allusion. Alors je me suis demandé pourquoi elle n'aurait pas été employée par les rois d'Hamath ?

Ces inscriptions ont été déjà étudiées par plusieurs savants. M. H. Sayce et le Rev. C. J. Ball en ont donné des essais de traduction que nous avons consultés. Nous avons surtout largement profité des travaux de M. Sayce ; il nous a mis sur la voie. Si nous sommes arrivés à une interprétation qui s'éloigne sur quelques points de la sienne, et que nous espérons avoir complétée, le savant professeur ne dédaignera pas nos tentatives, fussent-elles malheureuses, car, d'un autre côté, si elles ont quelque valeur, c'est précisément à ses premiers travaux qu'il faut en reporter le mérite.

Nous avons exposé avec détail l'analyse à laquelle nous nous sommes livrés sur ces textes dans le *Recueil* publié par M. Maspero[1] ; nous en présenterons ici un résumé indispensable pour faire comprendre le résultat auquel nous sommes arrivés.

---

[1] *Études hétéennes*, extrait du *Recueil de travaux relatifs à la philologie et à l'archéologie égyptiennes et assyriennes*, vol. XIII, pp. 26 et suivantes.

Le texte des trois premières inscriptions d'Hamath, qui ont fait l'objet de notre étude, a été publié par MM. Rylands[1] et W. Wrigth[2]; ces inscriptions sont désignées dans les planches par la première lettre du nom de leur provenance et un numéro d'ordre (*v. g.* H. i, H. ii, H. iii). — Les deux premières inscriptions ont trois lignes d'écriture; la troisième n'en a que deux (*Infra,* p. 169). Pour établir l'identité des passages communs à ces trois inscriptions et les variantes qu'elles présentent, après m'être assuré de la marche boustrophédon de l'écriture et de l'ordre dans lequel il faut lire les signes dans chaque groupe, je les ai transcrites les unes sous les autres suivant une ligne horizontale, en commençant par la droite et en conservant toutefois dans chaque groupe la forme que la marche boustrophédon impose à la forme des caractères; j'ai ainsi établi 25 groupes. L'inscription H. iii n'en comporte que 22. Il est visible, par cette disposition, que le sens des trois inscriptions est complet à cette coupure, et que les trois derniers groupes 23, 24 et 25 forment une addition particulière aux deux premières inscriptions.

L'ensemble des signes compris dans ces trois inscriptions s'élève au nombre de 35; — 29 sont communs à chacune d'elles; trois appartiennent exclusivement à la première; deux à la seconde, un seul à la troisième. — Il est certain, d'après cette disposition, que les variantes de ces six caractères ne peuvent apporter aucun

---

[1] *The inscribed Stones from Jerabis, Hamath, Aleppo,* etc.; dans les *Transactions of the S. B. A.*, vol. II, part. 3, p. 1882.
[2] *The Empire of the Hittites,* 2e éd, 1886, pl. I, II, III.

trouble dans l'économie générale de la rédaction. La présence des idéogrammes ayant la signification

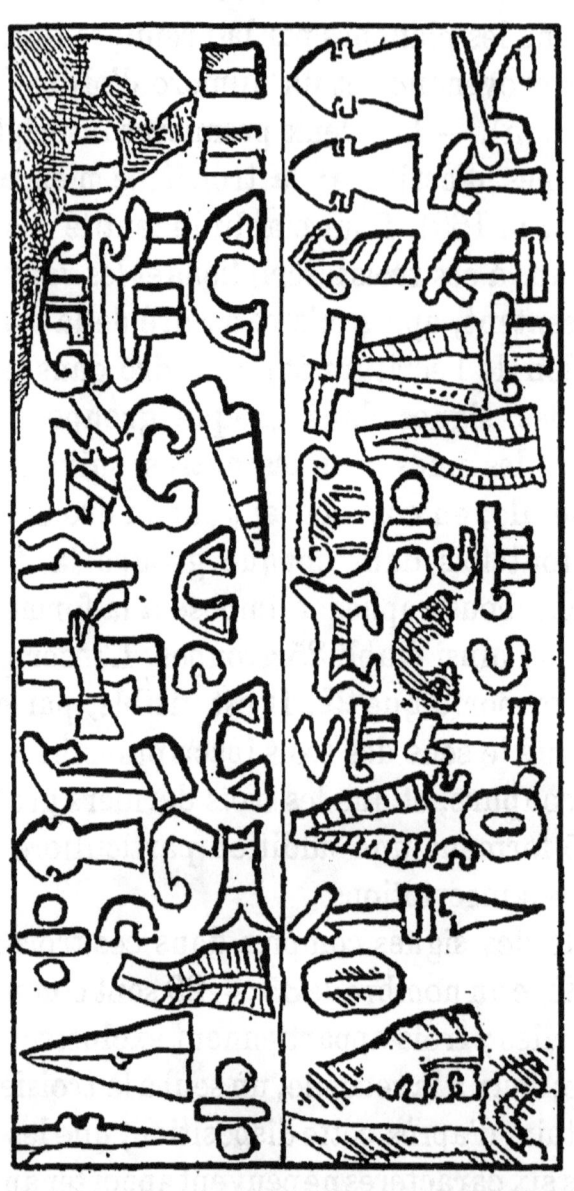

INSCRIPTION DE HAMATH (H. III).

de « Roi » et de « Pays » qui se trouvent dans ces textes, impriment à l'ensemble un sens sur lequel tous ceux qui les étudieront seront promptement d'accord.

Aussi je suis arrivé à une interprétation générale qui s'écarte fort peu, dans une certaine partie du moins, de celle qui résulte de l'analyse de M Sayce ; la différence n'a lieu qu'à la fin de l'inscription. Je lis, en effet, comme lui le nom d'un roi que nous appelons « Tumès », avec ses titres, que nous ne traduirons pas, sa généalogie, qu'il vante sans que nous puissions épeler ni le nom de son père ni celui de son grand-père qu'il mentionne ; puis le nom de la ville dont il se dit roi *Hamath*, et que nous lisons ainsi que celui de son empire *Khatti* (le pays hétéen). Cette interprétation comprend les 19 premiers groupes de nos inscriptions. Arrivés à ce point, nous nous séparons de M. Sayce. Il laisse inexpliqués les groupes 20, 21 et 22 qui terminent l'inscription H. III et qui doivent, selon nous, assurer un sens complet jusque-là, non seulement à cette inscription, mais encore aux deux autres. Quant aux deux derniers groupes 24 et 25, qui terminent les inscriptions H. I et H II, M. Sayce y voit une variante de deux noms patronymiques qui sont suivis du titre royal.

Voici, du reste, la traduction de M. Sayce :

« A dit le prince Tuves (tou)... *erses* fils de ... roi du pays d'*Ereku*... (?) le suprême (?) roi des contrées.... le roi de la terre des Hittites, le puissant, le législateur (le fils de Sandu... Setu ? le roi. »

Nous n'avons pas suivi complètement cette lecture ; voici pourquoi. — En nous reportant aux formules que nous avons indiquées, le sens général des trois inscriptions nous ayant dès lors paru complet jusqu'au 20ᵉ groupe, l'absence d'interprétation de ce groupe nous a conduit à nous demander comment cette inscription pouvait se terminer, et à rechercher ce que le roi Tumès avait fait, et pourquoi il avait écrit son nom et ses titres sur ces marbres ? Or la traduction de M. Sayce ne nous présentait ni le verbe dont le roi Tumès était le sujet, ni le complément de ce verbe.

Nous avons longtemps attendu une réponse à ces questions, lorsque la lecture du nom de Kar-Kemish nous a mis sur la voie.

Nous indiquerons dans le second appendice (*Infra*, p. 175) comment nous sommes parvenus à la dégager; il nous suffit de dire ici que ce nom est composé en hétéen de deux idéogrammes, le premier répondant à la valeur de *Kar*, « forteresse, » l'autre à celle de *Kamish*, c'est-à-dire le nom du dieu Kamosh. — Kar-Kemish signifie ainsi : « la Forteresse du dieu

Kamosh ». Or, l'idéogramme que je lis *Kar*, dans le nom de Kar-Kemish, est précisément celui que je rencontre dans le membre de phrase des inscriptions de Hamath, dont je cherchais la signification. Ce membre de phrase se présentant, comme ci-dessus (J. III, l. 2) dans une ligne de rang pair, se lit par conséquent de gauche à droite.

Pour se convaincre que le premier caractère est bien celui qu'on rencontre dans le nom de Kar-Kemish, il suffit de rapprocher les différentes formes que ce signe, dont nous ignorons le type primitif, peut présenter[1]. Ce signe répond donc à la valeur idéographique traduite en assyrien par le signe *Kar*, sans que sa valeur phonétique hétéenne nous soit donnée, il est vrai ; mais nous avons ainsi un idéogramme que nous pouvons traduire, comme en assyrien, par « château, palais, forteresse, *munimentum* ».

Il s'agit donc d'un *édifice* dans le passage que nous voulons interpréter. — Quant au verbe qui rattache le Roi, sujet de la phrase, à cet édifice qui en est le régime, il ne peut être exprimé que par les derniers signes de l'inscription dont il reste à chercher le sens.

C'est alors qu'en nous reportant aux formules des rois de Perse et d'Assyrie que nous avons indiquées, nous avons pensé qu'il ne serait pas téméraire de supposer que ce verbe, qui régit un monogramme ayant la signification de « château, palais, forteresse » ne pouvait avoir, dans le membre de phrase qui nous occupe, d'autre signification que celle de « bâtir, construire, édifier », bien qu'il nous soit impossible, quant à présent, d'articuler les caractères qui l'expriment.

Nous avons complété ainsi notre essai de traduction, conformément à la formule que les anciens rois

---

[1] Voy. *Études hétéennes*, dans le *Recueil de travaux relatifs à la philologie et à l'archéologie*, etc., p. 26.

orientaux employaient pour consacrer la part qu'ils avaient prise dans la construction de leurs monuments :

« Moi, le puissant Tumès,.... *er-se-es* (un titre), fils de X..., fils de Y..., du pays de Hamath. *Kue* (un titre) du pays de Hamath et des pays (possédés par) la famille *Sis-Kus* (chaque inscription présente un nom différent), roi du pays de Khattu, j'ai construit (?) ce château ».

Il serait prudent de nous arrêter ici, puisque notre inscription H. III présente un sens complet qui s'impose aux deux autres; mais, pour ne rien laisser sans réponse sur un terrain où l'hypothèse est légitime, nous ferons remarquer que les deux inscriptions H. I et H. II renferment encore deux groupes dans lesquels nous avons quelque chose de connu. — Les groupes compris sous le n° 24 renferment deux idéogrammes divins, et ces inscriptions se terminent (groupe 25) par le monogramme royal. Nous n'essaierons pas de justifier ici notre hypothèse, et nous donnerons, à titre de pure conjecture, l'interprétation de cette partie finale.

L'inscription H. I ajouterait selon nous :

« Par le dieu Sandu, je suis puissant à Hamath, je suis roi ».

L'inscription H. II présenterait la variante :

« Par le dieu X, je suis puissant à Hamath, je suis roi ».

Nous nous écartons encore dans cette partie finale de la traduction proposée par M. Sayce. Il considère les signes qui se trouvent dans ces différents groupes comme l'expression de noms patronymiques ; mais nous n'avons su à qui les rapporter? — La présence de deux monogrammes divins, dont l'expression n'est pas douteuse, bien que le nom d'un seul soit connu, nous a portés à y voir une invocation adressée à ces deux divinités pour protéger l'œuvre de Tumès? Nous restons encore ainsi dans la tradition des formules du vieil Orient.

On nous pardonnera la hardiesse de cette conjecture. Nous savons, aussi bien que tout autre, ce qu'il reste encore d'inconnu dans ces textes, mais aussi on nous accordera qu'il y a place pour la probabilité, avec les différents degrés qu'elle comporte, et que nous avons déjà la certitude de la légitimité du point de départ. Malgré l'aridité des études auxquelles nous nous sommes livrés et en dépit de la persévérance que nous y avons apportée, nous ne nous dissimulons pas les illusions que le résultat auquel nous sommes parvenus peut nous causer. Aussi, nous ne saurions trop le répéter : c'est avec les plus grandes réserves que nous présentons ces tentatives, en réclamant pour nous l'indulgence que nous accordons toujours à nos devanciers, dont les erreurs mêmes peuvent servir au progrès de la science.

J. M.

II

LE NOM DE KAR-KEMISH[1] DANS LES INSCRIPTIONS HÉTÉENNES DE JÉRABLUS

Après avoir essayé de traduire les courtes inscriptions d'Hamath, il ne faut pas songer à en aborder d'autres avec l'espoir d'obtenir, quant à présent, un sens complet; il faut se contenter de saisir, çà et là, quelques fragments dont le sens paraîtra indiqué par la présence des idéogrammes. Voilà pourquoi nous nous proposons d'expliquer comment nous sommes arrivés à lire le nom de Kar-Kemish dans les inscriptions de Jérablus.

La position de Kar-Kemish avait été suffisamment indiquée par l'itinéraire des conquérants égyptiens qui voulaient pénétrer en Assyrie, et par celui des conquérants assyriens qui suivaient, en sens inverse,

---

[1]. Nous avons cru devoir adopter la lecture *Kar-Kemish* au lieu de toutes celles qui ont été proposées jusqu'ici, parce que la nôtre nous paraît plus conforme à l'étymologie hétéenne.

la même route, en se rendant sur les bords de la Grande Mer du Soleil Couchant, pour n'avoir plus à y revenir, si ce n'est que quelques doutes se sont élevés sur les conclusions qu'on en avait tirées pour déterminer cette position [1].

Ces deux routes aboutissent l'une et l'autre aux gués supérieurs de l'Euphrate, vers le confluent du Sajour, où se trouvent aujourd'hui Biredjik et Jérablus. Ce sont encore les routes que parcourent les caravanes qui, de la Mésopotamie, se rendent à Alexandrette. — On savait que Kar-Kemish était située sur la rive droite de l'Euphrate; c'était donc à Jérablus ou non loin de Jérablus qu'il fallait en chercher les ruines. — Pour dissiper les doutes que quelques savants ont pu concevoir sur la position de l'antique cité hétéenne [2], nous avons essayé de lire le nom de Kar-Kemish dans les inscriptions sorties des ruines de Jérablus; y sommes-nous parvenus? — Nous espérons l'avoir démontré.

Nous avons vu que le déchiffrement des inscriptions hétéennes avait déjà permis de reconnaître la valeur de quelques idéogrammes qui ont suffi pour comprendre le sens général des inscriptions où on les rencontre, et, en même temps, pour dégager la valeur phonétique de plusieurs autres caractères de

---

[1] Voy. pour les développements que cette étude comporte notre article *Kar-Kemish*, dans les *Mémoires de l'Académie des Inscriptions et Belles-Lettres*, t. XXXII, 2ᵉ part., pp. 201 et suiv., 1890.

[2] Voy. Sir Ch. Wilson dans *Palestine Exploration Fund; Quarterly Statement*, 1884, p. 49.

cette étrange écriture[1]. C'est ainsi que nous avons pensé que quelques-unes des inscriptions de Hamath renfermaient une formule fréquente dans les inscriptions du vieil Orient, et qu'elles faisaient connaître le nom du souverain qui les avait gravées, ses titres, sa filiation, le nom de sa capitale et celui du pays dont il se disait roi. Quelques passages des inscriptions de Jérablus renferment une formule analogue. Dès lors, si dans les inscriptions de ces deux localités le nom général du pays est le même, celui de la ville devra varier; de sorte que, dans les inscriptions d'Hamath, on trouvera, après le titre royal exprimé par la palme ou la tiare, le nom d'*Hamath*, et ensuite le nom général des *Khatti*. Nous n'avons plus à nous occuper du nom d'Hamath; celui des *Khatti*, c'est-à-dire des Hétéens, est exprimé dans les inscriptions H. I, II et III[2] par trois lignes brisées, et dans l'inscription H. IV par trois lignes perpendiculaires. Or, dans le passage des inscriptions de Jérablus, qui renferment la même formule, nous trouvons précisément le nom des

---

[1] Voy. les travaux de Hayes Ward, dans le *Journal of the American oriental Society*, vol. X, p. cxxxiv, 1880. — Sayce, *The hamatite Inscriptions*, dans les *Proceedings of the S. B. A.*, passim. — Id., dans W. Wright, *The Empire of the Hittites*, pp. 176 et suivantes. — Enfin nos *Études hétéennes*, publiées dans le *Recueil de travaux relatifs à la philologie et à l'archéologie égyptiennes et assyriennes*, vol. XIII, pp. 26 et suiv., 1890.

[2] C'est ainsi qu'on désigne, dans les recueils, les inscriptions hétéennes d'après la première lettre du lieu de leur provenance. — Voy. H. Rylands, dans les *Trans. of the S. B. A.*, vol. VII, part. 3, p. 429. — W. Wright, *The Empire of the Hittites*, p. 139, 2e édit., 1886.

Khatti exprimé dans J. III par les trois lignes perpendiculaires ; de plus, il est accompagné du nom de la ville dont le monarque se dit roi et qui diffère précisément de celui d'Hamath.

Il est certain, par la nature des monuments sur lesquels les inscriptions sont gravées, qu'il s'agit bien, à Hamath, des Hétéens de la ville d'Hamath, et à Jérablus des Hétéens de la ville dont le tumulus de Jérablus cache les ruines. Ce sont d'énormes pierres qui n'ont pu être transportées qu'après de pénibles efforts[1]. Le passage où se trouve cette formule, dans l'inscription de Jérablus marquée J. III d'après les planches de Wright et de Rylands, se présente dans une ligne impaire, et doit, par conséquent, à cause du système boustrophedon de l'écriture hétéenne, se lire de droite à gauche.

Ce passage comprend *huit* caractères :

Si, pour la commodité de notre démonstration, nous les transcrivons de gauche à droite, en les disposant sur une seule ligne et en affectant un numéro à chacun, pour nous y reporter plus parfaitement, nous aurons :

[1] Voy. Wright, *The Empire of the Hittites*, pp. 139 et suiv.

KAR-KEMISH

    1 2   3   4   5   6   7   8

Voyons maintenant quels sont les caractères dont la lecture est déjà assurée et ceux qui restent à déchiffrer[1].

Le premier signe est l'idéogramme royal qui qualifie le nom propre d'un roi X dont le nom nous importe peu pour l'instant ; nous savons qu'il indique, après son titre et sa filiation, le nom de la ville dont il se dit « roi ».

Le 2⁰ signe et le 3⁰ renferment le nom de cette localité, exprimée par les deux caractères x et y, dont nous aurons à déterminer la signification. Nous les passons, pour nous occuper des autres signes qui sont connus et dont il faut rappeler la valeur.

Le 4⁰ signe est une voyelle a ou i qui peut être exprimée ou sous-entendue, et qui relie phonétiquement le groupe précédent au suivant.

Le 5⁰ signe a la valeur phonétique de *kus*; c'est la désinence de l'ethnique ; nous le retrouverons bientôt avec ce rôle et avec cette valeur, confirmée par la lecture des inscriptions d'Hamath.

Le 6⁰ signe est une conjonction dont le rôle est certain, mais dont l'articulation phonétique est encore indéterminée.

---

[1] Pour la justification de la valeur de ces caractères, voyez particulièrement Sayce, dans Wright, *The Empire of the Hittites*, pp. 177 et suivantes.

Les deux signes 7° et 8° forment un groupe dont l'articulation est également démontrée par la lecture des inscriptions d'Hamath. — Le premier signe est l'idéogramme du pays des *Katti* qui se prononce *Kattuet,* et le second *kus*, la désinence de l'ethnique. L'ensemble du groupe est donc à lire *Kattu-kus*, c'est-à-dire *l'Hétéen*.

Dès lors, nous pouvons commencer à comprendre la phrase sur laquelle nous avons appelé l'attention, et la lire ainsi :

X... *roi de x-y-kus* et de *Kattu-kus*,

c'est-à-dire : roi des gens de la ville des *x-y* et des gens du pays de *Kattu*.

Il s'agit maintenant de déterminer la lecture et la signification des deux signes qui expriment le nom de la localité particulière dont le prince hétéen faisait sa capitale, et qui est représentée par les ruines de Jérablus.

Cette ville est située non loin du confluent du Sajour; son nom nous est indiqué par la Bible et par les inscriptions de l'Égypte et de l'Assyrie qui nous invitent à y voir l'antique Kar-Kemish. C'est la lecture hétéenne de ce nom qu'il nous reste à démontrer. — Le nom de Kar-Kemish nous est conservé par la Bible sous la forme *Karkemish*, par les hiéroglyphes égyptiens sous celle de *Qairqamasha* ou *Gargamisha*, enfin par les textes assyriens sous celle de *Kar-Kamish* ou *Gargamis*.

Ces différentes formes nous prouvent que les étrangers confondaient assez facilement les articulations gutturales des Hétéens; mais la transcription assyrienne nous donne en même temps ce nom sous sa forme véritable *Kar-Kemish*[1], et nous prouve que ce n'est point une forme simple. C'est un complexe composé de deux éléments *Kar* et *Kemish* que nous pouvons rapprocher des noms fréquents dans les inscriptions assyriennes, tels que Kar-Nabu, Kar-Sin, Kar-Istar, Kar-Salmanasar, c'est-à-dire des noms formés au moyen du nom générique exprimé en assyrien par un idéogramme qui se prononce *Kar* et signifie « Forteresse » et de celui du dieu ou du personnage *Kamish,* « Kamosh », sous la protection duquel elle était placée.

Que veulent dire ces deux noms qui entrent dans la composition du nom de Kar-Kemish? — Le premier ne souffre pas de discussion; il est suffisamment connu avec cette acception. Quant au second, on a soupçonné depuis longtemps, en s'appuyant sur la forme biblique, qu'il s'agissait du dieu Kamosh, et dès lors que le nom de *Kar-Kemish* voulait dire « la Forteresse de Kamosh[2] ». C'était exact; mais il fallait prouver que cette étymologie ne reposait pas seulement sur une transcription étrangère et qu'elle s'appuyait sur la forme originelle du nom, c'est-à-dire que les deux signes qui représentent, en hétéen, le nom de Kar-Kemish devaient répondre à cette interprétation.

Nous avons, d'abord pour le premier signe, la

---

[1] Voy. *Inscrip. de Tuklat-pal-Asar*, dans W. A. I., I.
[2] Voy. Gesenius, *Thesaurus*, v⁰ Karkemis, t. II, p. 712. — Norris, *Assyrian dictionary*, part 2, p. 595.

valeur de *Kar?* — C'est un signe très fréquent dans les inscriptions hétéennes ; nous l'avons rencontré *(Supra,* p. 170) dans une phrase dont la lecture est sans doute encore obscure, mais dont le sens se trouve précisé ici, au moins avec une haute probabilité.

Le second signe est un complexe ; nous y trouvons d'abord un élément qui exprime l'idée abstraite de la divinité. Ce signe se présente, en effet, comme préfixe des noms de toutes les divinités qui figurent dans le cortège du sanctuaire de Yasili-Kaïa [1]. Il se rencontre également dans les inscriptions hétéennes comme préfixe du nom de plusieurs divinités déjà connues. Il figure ici comme déterminatif du monogramme qui doit représenter un nom divin.

Y a-t-il un dieu dont le rôle soit déjà connu et dont le nom soit exprimé par ce signe ? — Consultons encore les bas-reliefs de Yasili-Kaïa [2]. Nous trouverons précisément ce symbole entre les mains de la plus grande divinité du Panthéon hétéen [3], de ce dieu porté sur la tête inclinée de deux personnages coiffés de la tiare, ayant devant lui la déesse sa compagne, qui peut être Anaïtis, Astarté ou Cybèle ; mais quant à lui, c'est le dieu suprême de ce cortège, le Zeus, le Sandan ou le Samas, comme on le suppose, et qui tient lui-même son symbole ou son nom

---

[1] Voy. Sayce, dans les *Transactions of the S. B. A.*, vol. VII, p. 250, 1882.

[2] Voy. G. Perrot et Guillaume, *Exploration archéologique de la Galatie et de la Bithynie*, pl. 34 à 52.

[3] Voy. *Supra*, p. 95.

Kamish, c'est-à-dire Kamosh, ce grand dieu moabite, dont le culte a été momentanément imposé au peuple d'Israël, et qui était répandu dans toute la Syrie et une partie de l'Asie-Mineure.

Nous avons, en effet, dans les différentes transcriptions du nom de Kar-Kemish, l'expression phonétique du nom divin, et son expression idéographique dans les inscriptions hétéennes, de même que sur les rochers de Yasili-Kaïa! Ces diverses expressions se corroborent les unes par les autres et donnent la certitude de leur valeur véritable.

En tenant compte des exigences de l'écriture hétéenne sommairement tracée dans les inscriptions et du développement que comporte le symbole dans l'exécution des bas-reliefs, on ne peut avoir de doute sur l'identité des deux signes que nous venons d'analyser. Aussi, en réunissant les deux caractères qui expriment le nom de la localité cachée sous les ruines de Jérablus et en donnant au groupe tout entier les compléments exprimés par les signes hétéens dont la valeur est déjà certaine, nous traduirons ainsi le passage que nous avons cité :

« X..., roi de Kar-Kemish et de Katti, »

ou, plus littéralement :

« X..., roi des Karkemisiens et des Hétéens. »

L'expérience que nous venons de tenter sur le nom de Kar-Kemish peut se répéter sur plus d'un passage des inscriptions, malheureusement trop peu nombreuses, que nous possédons aujourd'hui. Si nous avons été assez heureux pour déterminer la formule dans laquelle le sens des trois courtes inscriptions d'Hamath se trouve renfermé, il faut espérer que nous parviendrons à connaître un jour les noms des ancêtres du roi qu'il faut nommer provisoirement Tumès. Les autres inscriptions contiennent des listes de rois et des généalogies dans lesquelles M. Sayce a déjà signalé des points de rapport qui rattachent ces inscriptions les unes aux autres. Si nous ne pouvons pas encore articuler ces noms, les idéogrammes nous les indiquent d'une manière précise et nous fournissent ainsi de précieux renseignements qu'on ne peut négliger. — Ce n'est pas sans un vif intérêt que nous *voyons*, par exemple, sur un vase hétéen trouvé à Babylone, le nom d'un roi mentionné dans les inscriptions de Jérablus, et qu'il ne reste plus à dégager que la valeur d'un seul signe pour en assurer la lecture !

J. M.

III

LA GLYPTIQUE HÉTÉENNE

Nous avons vu que l'art de la glyptique ne fut point étranger aux Hétéens[1], — soit que cet art ait pris naissance parmi eux, guidés par le besoin si commun chez tous les peuples de graver les pierres précieuses pour se faire des ornements, des amulettes ou des cachets, — soit qu'ils en aient emprunté les premières notions aux nations au milieu desquelles ils ont vécu. On trouve dans tout le pays hétéen des pierres gravées analogues à celles qui nous sont connues par les Assyriens, les Égyptiens ou les Perses, sous la forme de cylindres, de cônes ou de pyramides.

C'est ainsi que, depuis longtemps, les collections publiques ou particulières renferment un certain nombre de ces petits monuments, dont il était assez difficile de déterminer la provenance, et qu'il faut considérer désormais comme appartenant à la civilisation hétéenne. Ces intailles sont, en général, gravées sur l'hématite; quelques-unes accusent un travail très soigné, qui n'est pas en rapport avec celui des sculptures auxquelles on voudrait les comparer. Le caractère de ces intailles s'accentue de jour en jour, à mesure qu'on se familiarise avec le goût particulier des Hétéens pour certains ornements et surtout avec le costume, la pose et le galbe des personnages.

Déjà, F. Lenormant [1], en consultant le grand album des cylindres publiés par F. Lajard dans ses *Recherches sur le culte de Mithra*, avait signalé un certain nombre de ces monuments comme devant appartenir à la civilisation hétéenne. L'examen que j'en ai fait après lui m'a fait adopter, en grande partie, ses appréciations. Il y a plus; les études hétéennes, qui font chaque jour de nouveaux progrès, permettent de les étendre; et, pour mon propre compte, je m'aperçois que j'ai rangé dans la belle collection de M. de Clercq un certain nombre de cylindres, sous la dénomination vague de *provenance incertaine* ou *inconnue*, que je n'hésiterais pas aujourd'hui à rattacher à la civilisation hétéenne [2].

Les plus anciennes intailles me paraissent chargées de simples ornements composés de lignes géométriques enlacées, encadrant quelquefois des figures d'hommes ou d'animaux. Le type des personnages n'est pas flatté, mais il paraît sincère; ce sont des hommes

---

[1] F. Lenormant, *Lettre à M. de Saulcy*, dans la *Revue archéologique* du 15 avril 1873.
[2] Voy. *Collection de Clercq, Catalogue*, t. I, *Passim*.

à la tête rasée, souvent imberbes, plutôt obèses que trapus, et qui s'éloignent sensiblement du type des autres habitants de la Syrie. Les divinités, dieux ou déesses, sont souvent portées sur le dos des animaux, bœufs, lions ou panthères ; quelquefois elles marchent sur le sommet des montagnes.

MUSÉE DE LA HAYE

Citons ici, comme un beau spécimen de cet art, un cylindre en hématite du musée de La Haye, sur lequel un guerrier, qu'on peut rapprocher de l'image du roi Tarkondêmos[1], est entouré de plusieurs personnages de nationalités différentes ; dans le champ apparaît une tête de chèvre, symbole du dieu Tarku.

Le costume est très caractéristique ; il se compose d'un manteau échancré sur le devant, laissant voir une tunique serrée à la taille. La coiffure est formée d'une calotte ronde serrant la tête. Les rois et les dieux portent une tiare conique et les déesses sont

[1] *Supra*, p. 141.

souvent coiffées d'une tiare crénelée[1]; mais notons tout particulièrement ces bottines ou souliers aux bouts recourbés, dont la présence offre le caractère le plus saillant du costume hétéen[2]. Les armes sont, en général, pour les rois, l'arc et la flèche, quelquefois la hache à deux tranchants. On remarque souvent dans les personnages accessoires une certaine habitude de marcher ou plutôt de courir, ainsi qu'on le voit sur les bas-reliefs de Boghaz-Keui[3].

COLLECTION DE LUYNES.

Citons, à ce sujet, un cylindre en hématite de la collection de Luynes, dans le champ duquel on lit plusieurs caractères hétéens.

Le champ des cylindres ou des cachets présente souvent le symbole du dieu suprême, le disque ailé, si répandu en Égypte, en Assyrie et en Chaldée, mais qu'on trouve sur les monuments hétéens avec une

---

[1] *Supra*, p. 95.
[2] Le roi hétéen de Biredjik.
[3] G. Perrot et Guillaume, *Exploration, etc.*, pl. 34 et 52.

forme différente. Notons encore des caractères de l'écriture hétéenne, si difficiles à déchiffrer, mais parmi lesquels on reconnaît aisément le symbole abstrait de la divinité. On y voit fréquemment des oiseaux, rarement des animaux complets, souvent des membres d'animaux, particulièrement des têtes de bœufs et de chèvres.

EMPREINTES DE SCEAUX HÉTÉENS

Les cachets plats, dont le champ est moins étendu, présentent des particularités analogues. Nous en connaissons, par leurs empreintes, un certain nombre qui sont fort intéressants à étudier. Sir H. Layard a découvert, dans les ruines de Ninive, huit empreintes qui semblent avoir été apposées à côté des cachets des rois assyriens sur des objets apportés en tribut[1]. Ces huit empreintes paraissent ne provenir que de trois cachets différents; elles portent des caractères de l'écriture hétéenne qui expriment vraisemblablement le nom des possesseurs de ces

---

[1] Voy. Layard, *The monuments of Nineveh, Second Series*, pl. 69.

cachets. Rappelons ici le résultat de l'étude que M. Sayce a faite de ces empreintes.

Après avoir établi la valeur de quelques caractères hétéens, il ajoute[1] : « Le nom de Sandou, sans déterminatif divin, figure comme formant la première partie d'un des noms royaux qu'on trouve sur les sceaux de Koyoundjik. Ainsi, sur une empreinte, on voit un nom commençant par l'idéogramme du dieu Sandou et se terminant par le suffixe du nominatif *es*, précédé de la syllabe *me;* entre le commencement, Sandou, et la fin de ce nom, on trouve un caractère inconnu dont on arrive aisément à dégager la valeur, puisque nous pouvons lire déjà ce nom *Sandou-x-me-es*. Remarquons, en effet, que ces sceaux ont été recueillis dans une chambre de Koyoundjik, attachés à des contrats passés entre les Hétéens et les Assyriens, sous le règne d'Asur-bani-pal. Or, les deux seuls princes de l'Asie-Mineure, et *deux seulement*, autant toutefois que nous pouvons l'affirmer, qui, jusqu'ici, ont été en relation avec Asur-bani-pal, ce sont : Mugallou, roi de Tubal, et Sandou-sar-me, roi de Cilicie. Il y a plus : non seulement Sandou-sar-me vint lui-même à Ninive, mais encore il donna sa fille en mariage à Asur-bani-pal !

« Il est donc permis de conjecturer que, parmi les sceaux hétéens trouvés à Koyoundjik, quelques-uns ont rapport au contrat d'union qui fut passé entre Asur-bani-pal et la fille de Sandou-sar-me; dès lors, on peut facilement arriver à conclure que le

---

[1] Voy. Sayce, dans Wright, *The Empire of the Hittites*, p. 380.

signe de la syllabe inconnue, dans le groupe que nous lisons déjà *Sandou-x-mes*, représente la syllabe *sar* du nom de Sandou-sar-me des inscriptions assyriennes. »

M. Schlumberger possède dans sa collection des empreintes de cachets analogues sur lesquelles on lit également le nom de Sandou-sar-me [1].

Il est rare de rencontrer des intailles hétéennes d'un style très pur; ces bijoux attestent, ainsi qu'on peut le remarquer par les exemples que nous avons donnés, l'influence des Égyptiens et des Assyriens avec lesquels les Hétéens ont vécu. Ce n'est pas seulement sur le continent asiatique qu'on trouve des œuvres de la glyptique hétéenne [2]; les Phéniciens, qui n'avaient pas d'art original, ont emprunté aux Hétéens, avec lesquels ils ont été constamment en rapport, les types de beaucoup de ces petits monuments, et les ont propagés partout où ils avaient des comptoirs, en les mêlant à des éléments étrangers.

Parmi les nombreux cylindres-cachets que le général di Cesnola a découverts dans l'île de Cypre, un grand nombre présente un travail ou une origine hétéenne très caractérisée; on les reconnaît soit à l'emploi des ornements circulaires, soit à la présence de la tête de bœuf ou du disque solaire, soit au galbe des personnages.

---

[1] Voy. Sayce, *loco*. La syllabe *Sar*, au lieu d'être représentée par le signe cursif, est exprimée par un bras.
[2] Voy. *Glyptique orientale*, p. 248. — *Ibid.*, fig. 248, 251.

Est-il étonnant qu'il en soit ainsi? — Cypre paraît avoir été primitivement occupée par une population hétéenne, dont on peut reconnaître l'origine dans le nom d'une de ses plus anciennes cités, Kition. Il en est de même d'une autre ville importante, Amathonte, dont le nom rappelle quelques migrations venues d'Hamath[1]. Les Hétéens, industrieux et puissants, enserraient de toute part cette belle contrée dont ils n'étaient séparés que par un bras de mer, et n'ont pas manqué de l'occuper avant que les Phéniciens et les Assyriens ne s'en fussent emparés. Ils y ont apporté leurs mœurs, leur industrie et leur écriture qui a laissé des traces si profondes dans la formation de l'alphabet cypriotte[2]. L'influence des Hétéens sur la civilisation de l'Asie-Occidentale donnera la clef de la solution de bien des problèmes restés jusqu'à ce moment très obscurs et sur lesquels la lumière se fait de jour en jour, plus complète et plus inattendue.

J. M.

[1] Les Cypriotes figurent avec les Pédasiens de la Troade et les contingents du Nord de l'Asie-Mineure dans la fameuse bataille de Kadesh.

[2] Voy. Sayce, dans Wright, *The Empire of the Hittites*, 2e édit., pp. 177 et suiv.

IV

UNE NOUVELLE INSCRIPTION HÉTÉENNE [1]

Dans la séance du 22 mars 1889 [2], M. G. Perrot a offert à l'Académie, de la part de Hamdi-Bey, conservateur du Musée impérial de Tchinli-Kieuk à Constantinople, le moulage d'un monument hétéen très remarquable. Malheureusement, la provenance exacte de l'original n'est pas connue; il a été envoyé à Constantinople par le Caïmakan d'Alexandrette, qui n'a pu dire sur quel point de la province il avait été trouvé.

La forme de la pierre, ainsi qu'on peut en juger par le moulage, présente l'apparence d'un *cippe* de 0^m35 de hauteur sur 0^m22 de largeur; l'un des côtés est convexe, l'autre est plat. Ils sont l'un et

---

[1] Lu à l'Académie des Inscriptions et Belles-Lettres, dans la séance du 30 mai 1890.

[2] Voir les *Comptes-rendus de l'Académie des Inscriptions et Belles-Lettres*, t. XVII, 4e série, p. 101.

l'autre chargés de plusieurs bandes d'écriture hétéenne.

Un pareil monument ne pouvait manquer de m'intéresser au plus haut degré; aussi j'ai voulu l'étudier à loisir, pour essayer d'en dégager quelques renseignements utiles. — J'ai reconnu d'abord que ce monument n'était pas un cippe, car la disposition de l'écriture m'a appris que ce que l'on pourrait prendre pour le sommet du cippe se terminant en pain de sucre, formait précisément la partie inférieure du monument. Le haut, c'est-à-dire la partie la plus large, a été brisé, de sorte que le commencement de l'inscription manque sans doute. Il pourrait se faire que la partie brisée, au lieu de renfermer de l'écriture, ait été remplie par un petit bas-relief. Il ne resterait que les dernières lignes présentant, de chaque côté, trois bandes pleines et une quatrième plus courte, dans la partie étroite du monument où doit se trouver la fin de l'inscription.

La disposition des caractères ne permet pas de douter du sens de la lecture de chaque ligne. On n'a pas oublié, en effet, que l'écriture hétéenne est du genre *Boustrophedon*, la première ligne commençant à droite, la seconde à gauche, et ainsi de suite ; le sens initial de la lecture est indiqué par la direction des caractères. Ce sont des hiéroglyphes, et les têtes ou les membres des personnages ou des animaux qui se trouvent dans le texte regardent toujours le commencement de chaque ligne ; à défaut de cet indice, on peut consulter la direction de certains traits faciles à reconnaître.

Si nous considérons maintenant la première ligne de la surface convexe (A) de notre inscription dans laquelle nous voyons un *pied*, on comprend aussitôt

Une nouvelle inscription hétéenne.

(A)

que la lecture de cette ligne doit commencer à droite et qu'elle est de rang impair. La lecture se continue-t-elle sur la partie plate (B) ou commence-t-elle sur cette dernière ? — Je n'oserais me prononcer. — Dans tous les cas, la première ligne de chaque côté est également de rang impair.

Une nouvelle inscription hétéenne.

(B)

Cependant la présence de quelques traces de signes ou symboles brisés dans la partie supérieure, au-dessus de ces premières lignes, permet de supposer que ni l'une ni l'autre ne commence l'inscription?

J'ai facilement reconnu un certain nombre de caractères qu'on relève dans les autres inscriptions hétéennes, particulièrement dans celles de Jérablus, et dont la valeur est déjà déterminée. Je citerai, par exemple, le préfixe des noms de personnes et de race, — le signe du pluriel, — les voyelles *a, e, u, o*, ainsi que quelques caractères syllabiques *tu, es, ku, er*, etc., etc.; mais comme ces signes se trouvent mêlés à d'autres, dont la valeur est encore inconnue, aucune lecture suivie n'est possible.

Je reconnais dans la seconde ligne, du côté convexe (A), un nom divin indiqué par son préfixe. Ce nom pourrait se lire *se-re* ou *er-se*; mais quelle est cette divinité?

J'ai cherché en vain les noms d'Hamath ou de Kar-Kemish? — M. Sayce a déjà indiqué la forme du premier, et je crois avoir établi la lecture du second[1]; je n'ai rencontré dans notre inscription ni l'un ni l'autre. — D'autre part, j'ai aisément constaté la présence de l'idéogramme du nom des *Katti* dans son expression la plus fréquente à Jérablus.

Je dois signaler particulièrement un signe remarquable par sa forme, à la fin de la seconde ligne du côté convexe; il figure à plusieurs reprises dans le nom d'un roi mentionné dans les inscriptions de

---

[1] Voy. dans les *Mémoires de l'Académie des Inscriptions et Belles-Lettres* mon article *Kar-Kemish, sa position d'après les découvertes récentes*, t. XXXII, 2ᵉ part., p. 201 et suiv., — et *Supra*, p. 175.

6.

Kar-Kemish, et qu'on trouve aussi dans une inscription gravée sur un vase en basalte recueilli dans la plaine de Babylone.

Dans la même ligne, mais au commencement, je signalerai encore un signe qui figure également dans une inscription de Jérablus (J. I, col. D, l. 5).

La seconde face (B) est particulièrement intéressante; elle nous donne, en effet (seconde ligne), une série de caractères que l'on n'a pas rencontrés jusqu'ici et dans lesquels je suis bien tenté de reconnaître des chiffres : quatre signes ayant la forme d'un *serpent* paraîtraient représenter des centaines, et les quatre caractères suivants ayant la forme traditionnelle en X exprimeraient les dizaines; de sorte que nous aurions le nombre de 440 pour désigner, sans doute, une redevance ou le nombre de certains objets offerts en tribut ou en sacrifice?

C'est à peu près tout ce que je puis indiquer, quant à présent; mais ce texte, malgré certaines altérations de la pierre, offre par son étendue un grand intérêt et fournit encore de précieux moyens de comparaison. Je suis heureux de le signaler à l'attention de ceux qui voudront entreprendre ces études, car je puis leur prédire que leurs tentatives et leur persévérance seront couronnées de succès, puisque tout est à découvrir, tout est à déchiffrer. Il *faut commencer*, et surtout ne pas se laisser décourager par des objections négatives, dangereuses surtout, pour ceux qui les formulent, car elles peuvent peser lourdement un jour sur la responsabilité des critiques.

La première fois que W. Wright, en 1872, a

présenté aux savants de l'Angleterre la copie des inscriptions d'Hamath qui lui avaient coûté tant de peine à sauver d'une destruction imminente [1] et qu'il les annonçait comme devant renfermer un fragment de l'histoire des Hétéens, pourquoi le cacher? sa communication fut accueillie *magno cum risu!* — C'est lui-même qui nous rapporte ce propos, dont fort heureusement on n'a pas tenu compte [2]; car ses prévisions ont fait fortune, et, aujourd'hui, on ne saurait douter du succès des premiers efforts de Hayes Ward et de Sayce. Les inscriptions hétéennes seront lues, comme on lit les inscriptions de l'Égypte et l'Assyrie, et elles nous feront connaître l'histoire de *cet empire oublié* dont on ne soupçonnait pas l'existence il y a quelques années. — Ce qui nous manque pour arriver promptement à ce résultat, ce sont les matériaux et les moyens de comparaison.

Je n'ai pas voulu publier ces observations sur la communication que nous devons à M. Perrot, sans en faire part à celui qui pourra être, à juste titre, regardé comme le fondateur des études hétéennes en Europe, mon savant ami, le Professeur Sayce. Je lui ai envoyé des esquisses de ces inscriptions; il ne connaissait pas encore le monument, mais il en a compris tout l'intérêt.

Il m'a informé, en retour, qu'on lui avait adressé des copies d'inscriptions hétéennes trouvées en Asie-Mineure et dont l'incorrection ne lui permettait pas de tirer parti. J'en dirai autant d'une longue inscription

---

[1] *The Empire of the Hittites*, 2º éd., p. 112.
[2] Id., *Ibid.*, p. 124.

dont M. de Vogüé m'a également communiqué la copie. Cette inscription provient de Konieh et comprend cinq longues lignes d'écriture ; elle avait été rapportée par M. Alrich, drogman de l'ambassade de France à Constantinople. — Malheureusement toutes ces copies faites par des indigènes sont illisibles ! Cependant les originaux existent ; ce sont des *desiderata* de la science et il faudrait se les procurer. Hamdi Bey, dont nous connaissons le zèle intelligent, pourra rendre sous ce rapport des services signalés ; il en a pris l'heureuse initiative, et l'on ne saurait trop lui en être reconnaissant.

Le monument dont il nous a envoyé un moulage a été découvert vraisemblablement entre Biredjik et la mer, c'est-à-dire en plein pays hétéen. — Toute cette contrée, depuis Marasch jusqu'à Alep, est couverte de *tells* artificiels, comme celui de Kala'at-Jérablus, qui n'attendent que des explorateurs dévoués pour livrer des secrets conservés pendant tant de siècles.

J. M.

P.-S. — Pendant que ces pages sont sous presse, M. Sayce m'informe que MM. Ramsay et Hogarth, qui ont voyagé en Cappadoce pendant tout l'été dernier (1890), rapportent de nombreuses copies, estampages et photographies de nouvelles inscriptions hétéennes qui seront prochainement livrées à l'étude des savants.

(6 octobre 1890).

INDEX

Adah, épouse hétéenne d'Esaü, 2.
Aigle bicéphale d'Euyuk, 87.
Alep, inscription hétéenne trouvée à Alep, 65.
Alphabet phénicien, influence hétéenne sur cet alphabet, 147.
Amanus, ses forêts de cèdres, 45.
Amazones, légende des Amazones, 83.
Aménophis III, ses guerres, 14; — son mariage, 14.
Aménophis IV, roi hérétique, fonde une nouvelle capitale, 14; — découverte des tablettes d'Aménophis IV à Tell el Amarna, 16.
Amorrhéens, captifs amorrhéens pris par Shishak, 7 ; — confondus avec les Hétéens, 7 ;— leurs possessions, 8 ; — description de leur physique, 8 ; — leurs descendants, 9 ; — leur histoire, 10.
Anakim, leur race, 8 ; — leur taille, 8.

Anneaux d'or trouvés à Mycènes, 130.
Antarata, la Grande-Déesse, 113.
Ararat ; — suicide d'un roi d'Ararat, 49.
Arche du prophète Noé, 115.
Architecture hétéenne, 153.
Argent, préférence des Hétéens pour l'emploi de ce métal, 98 ; — le traité d'alliance avec Ramsès II était écrit sur une tablette d'argent, 24.
Argistis Ier, campagnes contre lui, 50.
Arisou le Phénicien, usurpateur, 34.
Armée hétéenne, 158.
Armes de guerre des Hétéens, 159.
Arpad, tête de hache en pierre verte achetée à Arpad, 158.
Art hétéen, influence babylonienne et assyrienne sur l'art hétéen, 124.
Artémis, son culte, 83.

Assyrie, Assyriens, témoignage des monuments assyriens relativement aux Hétéens, 36 ; — son origine, 37 ; — son apogée, 37 ; — influence de l'Assyrie sur l'art hétéen, 124.

Asthor, Ashtoreth, son mythe, 113, 119.

Asur-nazir-habal, ses conquêtes, 42 ; — reçoit les tributs de Karkemish, 43 ; — attaque Azaz, 44.

Atargatis, divinité, 103.

Athar-Ati, déesse de Karkemish, 113, 118.

Attys, divinité, 117, 120.

Baal de Tarse, 121.

Babylone, influence de l'art babylonien sur l'art hétéen, 124.

Bashemath, fille d'Elon, épouse hétéenne d'Esaü, 4.

Beeri le hétéen, sa fille, 4.

Biainas, nom moderne de Van, ses inscriptions, 195.

Boghaz-Keui, — ses ruines hétéennes, 89 ; — sa position, 89 ; — son palais, 90 ; — ses sculptures murales, 92 ; — son sanctuaire, 93 ; — son inscription hétéenne, 97.

Bor, inscription hétéenne, 98.

Boscawen (M.), acquisition d'une tête de hache en pierre verte sur l'emplacement d'Arpad, 158.

Boss de Tarkondèmos, 140 ; — son inscription bilingue, 141.

Boucle, origine de la boucle grecque, 131.

Bulgar-Dagh, mines d'argent, 98.

Burckhardt, ses découvertes à Hamah, 56.

Cappadoce, descendants des Hétéens établis en Cappadoce, 109.

Canaan, ses fils, 2.

Carchemis, ou Karkemish, — paie un tribut à Asur-nazir-habal, 43 ; — la mine de Karkemish, 41 ; — chute de Karkemish, 46 ; — recherches relatives à son emplacement, 102 ; — tentatives d'identification, 103 ; — acquisition de son ancien site, 104 ; — ses ruines, 105 ; — son histoire, 104 ; — bataille de Karkemish, 105 ; — ville sainte, 105 ; — sa situation, 105 ; ses divinités, 110 ; — son commerce, 153.

Cèdres des forêts de l'Amanus, 45.

Césarée, tablettes découvertes à Césarée, 140.

Chariots hétéens, 155.

Cheroki, syllabaire indien, 137.

Chevaux hétéens, 155.

Chaussure hétéenne, 84, 137.

Circésium, son site, 102.

Combabos, sa légende, 119.

Colombe, son culte, 113, 120.

Comana, divinité, 122.

Conder (le Major), ses remarques sur l'arche du prophète Noé 115.

Costume hétéen, 156.

Culte des Hétéens, 1.

Crésus détruit la ville de Ptérium, 86.

Cromlechs lybiens, 8.
Cylindres hétéens, 128.
Cypre, ou Chypre, syllabaire cypriote, 146.

Damas, élévation de sa puissance, 42.
David, ses guerres avec la Syrie, 42.
Davis (le Rév. E.); ses recherches sur les sculptures d'Ibreez, 62.
Debir ou Dapur, cité Amorrhéenne, 139.
Déluge, fable concernant le Déluge, 114.
Derkéto, son mythe, 113, 117, 119.
Disque solaire, son culte en Asie-Mineure, 114.
Divinités hétéennes, 112.
Drap hétéen, 156.

Egypte, Egyptiens, témoignage des monuments relatifs aux Hétéens, 5; — et aux Amorrhéens, 5, 6; — annales égyptiennes, 12; — guerres avec les Hétéens, 17; — ligue contre l'Egypte, 38; — guerre civile, 34; — invasion de l'Egypte, 35.
Elon le Hétéen, père de Bashemath, 4.
Ephèse, culte de la Déesse-Mère, 123; — tête de hache en pierre verte trouvée à Ephèse, 158.
Ephron le Hétéen, 4.
Esaü, ses épouses hétéennes, 4.
Euyuk, ruines hétéennes, 85; — palais, 85; — sphinx, 15; — avenue de lions, 85; — aigle bicéphale, 87; — portes du palais, 86; — sculptures, 86; — leur date, 87.
Exode, son époque, 19, 34.

Galles ou eunuques, prêtres du temple de Mabog, 114.
Gant hétéen, 85.
Gar-emeris, district, 5.
Gargamis, voir Carchemish.
Gaza occupée par les Eygptiens, 34.
Giaour-Kalessi, sculptures, 55.
Ghurun, inscriptions hétéennes, 97.
Gladstone (M.), ses remarques sur les Κήτειοι d'Homère, 131.
Grande-Mère, son culte, 117.

Hache, tête de hache en pierre verte, 157, 158.
Hadad, son culte, 120.
Hadad-ezer, sa guerre contre David, 41.
Hamah (découverte de ruines hétéennes à), 56.
Hamath, antique cité hétéenne 56; — son dernier roi, 42.
Hamathéennes, les inscriptions hamathéennes doivent être appelés hétéennes, 59.
Hébron, ses habitants, 4; — ville de refuge, 124.
Henderson (M.) achète l'emplacement de Karkemish, 104
Hérodote, son opinion sur les sculptures de Karabel, 67; — sur les Syriens, 86.
Het, fils de Canaan, 4.

Hétéens, références de l'Ecriture, 2 ; — Hétéens du Nord, 3 ; — du Sud, 3 ; — témoignage des monuments égyptiens, 5 ; — confondus avec les Amorrhéens, 6 ; — leur physionomie, 6 ; — leurs descendants, 6 ; — leur histoire, 7 ; — Hétéens de Judée, 9 ; — appelés *Khétas* par les Egyptiens, 12 ; — grands et petits, 13 ; — payent un tribut à Touthmès III, 13 ; — culte du disque solaire, 14 ; — leur puissance, 14 ; — traité avec Ramsès Ier, 17 ; — guerre avec Séti Ier, 17 ; — avec Ramsès II, 19 ; — prise de Kadesh, 19 ; — traité avec Ramsès II, 24 ; — liste des divinités hétéennes, 30 ; — suprématie des Hétéens, 33 ; — leurs relations pacifiques avec Ménephtah, 34 ; — invasion de l'Egypte, 24 ; — division de l'Empire hétéen, 95 ; — sa ruine, 36 ; — références assyriennes, 36 ; — conquêtes de Tukalpal-Asar, 38 ; — tribut payé à Asur-nazir-habal, 43 ; — ligue contre Salmanasar II, 45 ; — affaiblissement des Hétéens, 46 ; — changement de signification du nom hétéen, 47 ; — destinées de l'Empire, 48 ; — campagne contre Ménuas, 50 ; — contre Argistis I, 50 ; — possessions hétéennes, 51 ; — sculptures à Karabel, 54, 67 ; — ruines à Hamah, 56 ; — à Ibreez, 62 ; — à Alep, 65 ; — au Sipyle, 69 ; — emplacement de ces monuments, 70 ; — leur caractère, 71 ; — influence des Hétéens sur la civilisation des peuples occidentaux, 71 ; — caractère de leur empire, 76 ; — leur costume, 83, 84, 85 ; — ruines hétéennes à Euyuk, 89 ; — à Boghaz-Keui, 92 ; — à Marasch, 93 ; — mines d'argent, 98 ; — étendue de la puissance des Hétéens, 99 ; — notre ignorance de l'histoire des Hétéens du Sud, 100 ; — conquête de la Syrie, 102 ; — traits caractéristiques de la race hétéenne, 107 ; — leur mélange avec les Sémites, 108 ; — leur religion, 110 ; — leurs temples, 110 ; — leurs dieux, 113 ; — leurs cités saintes, 105, 120 ; — leurs villes de refuge, 123 ; — leur art, 124 ; — leurs sculptures, 124, 127 ; — statuettes hétéennes en bronze, 128 ; — intailles hétéennes, 128 ; — influence de l'art hétéen, 129 ; — le motif de nous intéresser à leur histoire, 131 ; — inscriptions hétéennes, 135 ; — les Hétéens étaient un peuple littéraire, 139 ; — leurs bibliothèques, 139 ; — influence de leur écriture sur l'alphabet phénicien, 146, 147 ; — leur langue, 148 ; leur architecture, 151 ; — leur métallurgie, 152 ; — leurs moyens d'échange, 153 ; — leur commerce, 153 ; — leur mobilier, 154 ; — leur musique, 154 ; — leurs chevaux et leurs chariots, 155 ; — leur armée, 156 ; — leur costume, 158 ; — leurs armes de guerre, 159 ; — leur drap et leur linge, 158 ; — leur symbole connu sous le nom de *Swastika*, 158 ; — la connaissance de l'histoire des Hétéens confirme la vérité de l'Écriture, 159.

Humann (le Dr), sa découverte d'une inscription cunéiforme à Sinjirli, 140.

Ibreez, sculptures hétéennes, 61, 62 ; — inscriptions hétéennes, 135 ; — leur but, 135 ; — signes caractéristiques, 135 ; — leur originalité, 136 ; — leur emploi, 136 ; — matériaux de l'écriture, 137 ; — inscriptions de Tell el Amarna, 137 ; — tablettes en caractères cunéiformes et hiéroglyphiques, 142 ; — inscriptions de Césarée, 142 ; — de Sinjirli, 142 ; — *Boss* de Tarkondèmos, 142.

Intailles hétéennes, 128.

Istar, divinité assyro - chaldéenne, 118.

Jébuséens, leur origine, 4.

Jérablus, véritable emplacement de Karkemish, 102.

Jérusalem, ses fondateurs, 4.

Jessup (M.), ses découvertes à Hamah, 56.

Johnson (M.), ses découvertes à Hamah, 56.

Josué, son entrée en Palestine, 19.

Jovanoff, acquisition du *Boss* de Tarkondèmos, 140.

Judith, épouse hétéenne d'Esaü, 4.

Kabyles, descendants des Libyens, 7.

Kadesh, ses habitants, 15 ; — prise par Séti, 17 ; — acte de courage de Ramsès II, 19 ; — occupation hétéenne, 96.

Kadesh-Barnea, ville amorrhéenne, 5.

Kadesh en Galilée, ville de refuge israélite, 124.

Karabel (défilé de), 53 ; — ses sculptures, 53 ; — guerrier de Karabel, 68.

Karkar, victoire des Assyriens, 46.

Karkemish, voyez Carchemish.

Kaskai, leur soumission, 38.

Kayster, fable le concernant, 81.

Kes, divinité syrienne, 121.

Khétas, nom égyptien des Hétéens, voyez Hétéens.

Khéta-Sira, son traité avec Ramsès Ier, 25.

Khummukh, attaqué par Tuklat-pal-Asar, 39.

Khu-n-Aten, voyez Aménophis IV.

Kili-Anteru (prise de), 38.

Kirjath-Sépher (la ville des Livres), ville amorrhéenne, 139.

Kybélé ou Kybébé, divinité, son image, 117 ; — son culte, 117 ; — Amazones, ses prêtresses, 122.

Langue hétéenne, 148.

Latza, sa prise, 2.

Lenormant (F.), ses remarques sur la plaque de Tarkondèmos, 142.

Lucien, sa description du temple de Mabog, 112.

Luz, son identification, 2.

Libye, Libyens, ligués contre l'Egypte, 35; — leur race, 7; — leurs derniers représentants, 7.

Lydie conquise par Cyrus, 86; — mythologie lydienne, 118.

Ma, culte de cette déesse, 82, 122.

Mabog (voyez Membij), son temple, 112; — le saint des saints, 112; — les divinités, 112; — les prêtres, 114; — processions, 114; — pèlerins, 115; — sacrifices, 116; — légendes concernant le sanctuaire, 116.

Malatiyeh, attaquée par Tuklat-pal-Asar, 39.

Marasch (inscription hétéenne à), 97.

Maspero (le Prof.), son opinion sur le site de Karkemish, 102.

Melito, sur la légende de la déesse *Simi*, 114.

Membij, emplacement supposé de Karkemish, 102 (voyez Mabog).

Ménephtah, ses relations pacifiques avec les Hétéens, 34; — avec les Phéniciens, 34.

Ménuas, ses campagnes, 49; — grave une inscription à Palu, 50.

Métallurgie hétéenne, 128, 152.

Mine de Karkemish, 44.

Mobilier hétéen, 151.

Montagnes, origine du hiéroglyphe signifiant *pays*, 85.

Mopsos, sa légende, 118.

Mordtmann (Dr) publie le *boss* de Tarkondèmos, 140.

Musique des Hétéens, 154.

Mycènes, ses ruines, 130; — lions, bagues en or, 130.

Mythologie des Hétéens, 30, 110.

Naharina, sa situation, 12; — Aménophis III épouse la fille du roi de Naharina, 14.

Néchao, sa défaite à Karkemish, 105.

Niobé, statue du Sipyle, 70.

Palu, inscription de Ménuas, 50.

Patiniens soumis à Asur-nazir-habal, 46; — leur ruine, 47; — leur insurrection, 47.

Pentaour, son poème épique sur Ramsès II, 19.

Perrot (le Prof.) appelle l'attention sur les sculptures de Karabel, 55; — sur l'inscription de Boghaz-Keui, 66; — découvre des statuettes de bronze hétéennes, 128.

Pessinunte, culte de la déesse Ma, 122.

Péthor, devenue colonie assyrienne, 48.

Petrie (M.), son opinion sur le caractère physique des Amorrhéens, 6.

Pisiris, dernier roi de Karkemish, 49.

INDEX

Priam (trésor de), 152.
Pithom, sa fondation, 33.
Prêtres de Mabog, 114.

Qalb-Luzeh ou Luz, 2.

Ramsès Ier, son traité avec les Hétéens, 17.
Ramsès II, ses guerres avec les Hétéens, 17; — le Pharaon de l'Exode, 19; — poème sur sa bravoure à Kadesh, 19; — son traité avec les Hétéens, 24; — son mariage avec la fille du roi hétéen, 33.
Ramsès III, ses victoires, 35.
Ramsès, fondation de cette ville, 33.
Renouard découvre les sculptures de Karabel, 54.
Rhéa, divinité grecque, 117.
Rimmon ou Tammuz, son culte, 118.

Sadi-Anteru, sa soumission, 38.
Salmanasar II, — sa politique guerrière, 44; — sacrifices à Hadad, 46; — victoire de Karkar, 46; — donne un nouveau roi aux Patiniens, 48; — son inscription, 48.
Sandan, divinité hétéenne, 121.
Sangara forme une ligue contre les Assyriens, 42; — il donne sa fille en mariage à Salmanasar II.
Saplel, roi hétéen, fait un traité avec Ramsès Ier, 17.

Sardes, date de la prise de Sardes, 17.
Sargon, ses guerres, 48.
Sceaux hétéens, 128.
Schliemann (le D^r), ses découvertes à Mycènes, 130.
Sculpture hétéenne, 125.
Sémiramis, divinité, 113.
Sémitique, élément sémitique chez les Hétéens, 108.
Sésostris, monument du pseudo-Sésostris à Karabel, 53.
Seti Ier, ses guerres, 17.
Shishak, captifs amorrhéens de Shishak, 7.
Sichem, ville juive de refuge, 124.
Sidon, fils de Canaan, 4.
Simi, fable concernant cette déesse, 115.
Singe porté sur les épaules d'un serviteur hétéen, 155.
Sinjirli (inscription à), 140.
Sipyle, ses sculptures, 70.
Sisythes (Xisuthrus), le héros du Déluge chaldéen, 115.
Skene (M.), sa découverte du site de Karkemish, 102.
Smith (G.) visite le site de Karkemish, 103.
Soleil, emblème du dieu Tammuz, 118.
Sphinx à Euyuk, 85.
Statuettes hétéennes en bronze, 128.
Strabon, sur les Leuco-Syriens, 86.
Stratonice, son mythe, 119.
Subhi Pacha à Hamah, 58.
Soutekh, dieu des Hétéens, 121.
Swastika, symbole hétéen, 158.

Syllabaire employé à Chypre, 146.

Tablettes cunéiformes provenant de Césarée, 140.
Tahtim-hodshi, explication de ce mot, 3.
Tammuz, son culte, 118; — le mythe de sa mort, 118.
Tannur, source, 115.
Tar ou Tarku, divinité, 120.
Tarkondèmos (inscription bilingue de), 140.
Tarku-dimme, son nom sur le *Boss* d'argent, 141.
Tell el Amarna, découverte des tablettes, 16; — inscriptions, 139, 140.
Togarma, son identification avec le Tulgarimmi des Assyriens, 155.
Toi, son ambassade auprès de David, 41.
Tomkins (M.), identification de Luz, 2; — description des Amorrhéens, 3.
Touthmès Ier, ses guerres, 13.
Touthmès III impose un tribut aux Hétéens, 14; — ses conquêtes, 14.
Touthmès IV, ses campagnes, 14.
Trésor de Priam, 152.

Traité de Ramsès II avec les Hétéens, sa traduction, 24.
Tuklat-pal-Asar Ier, ses annales, 37; — conquête du pays de Khummukh, 38; — prise de Malatieyh, 38; — ses chasses, 39.
Tuklat-pal-Asar III, 79.
Tyana, inscription hétéenne, 98.

Uri, son origine, 4.
Ur-maa Noferu-Ra, son mariage, 33.
Urrakhinas, son siège, 38.
Uruma, sa soumission, 39.

Van, lac, 50.
Vei, syllabaire nègre, 137.
Villes saintes, villes de refuges hétéennes, 123; — juives, 124.

Ward (Dr Hayes), ses découvertes, 61.
Wilson (Sir Ch.), découvertes d'inscriptions hétéennes à Marasch, 94; — son opinion sur les descendants de la race hétéenne en Cappadoce, 109.
Wright (Dr Wm.), découverte des inscriptions hétéennes d'Hamath, 56.

Yahu-bihdi, dernier roi d'Hamath, 42.

LISTE DES ILLUSTRATIONS

                                                          Pages

    I. Bas-relief et sculptures trouvés à Keller, près d'Aintab (frontispice).
   II. Carte de l'empire hétéen...............   1
  III. Bas-relief trouvé à Marasch.......... 53
  IV. Bas-relief et sculptures trouvés à Keller, près d'Aintab................... 63
   V. Le Pseudo-Sésostris sculpté dans le défilé de Karabel.................. 67
  VI. Stèls d'un Roi hétéen trouvée à Karkemish..................... 73
 VII. L'aigle bicéphale, bas-relief d'Euyuk... 87
VIII. Sculptures de Boghaz-Keui........... 93
  IX. Sculptures de Boghaz-Keui........... 95
   X. Inscription trouvée à Karkemish (aujourd'hui détruite)................... 133
  XI. L'inscription bilingue de Tarkondêmos. 141
 XII. Le Lion de Marasch........ 145

APPENDICES.
   I. Inscription de Hamath 168

		Pages
II.	Inscription de Jérablus....................	178
III.	Cylindre du Musée de La Haye	187
IV.	Cylindre de la Collection de Luynes	188
V.	Empreintes de sceaux hétéens..........	189
VI.	Une nouvelle inscription, côté A......	195
VII.	— *Idem* côté B......	196

TABLE

Chapitres		Pages
	A l'auteur...	V
	Préface de l'auteur...	XI
I.	Les Hétéens de la Bible...	1
II.	Les Hétéens d'après les monuments de l'Égypte et de l'Assyrie...	11
III.	Les monuments hétéens...	53
IV.	L'empire des Hétéens...	75
V.	La race et les villes hétéennes...	101
VI.	Religion hétéenne et art hétéen...	111
VII.	Les inscriptions...	135
VIII.	Le commerce et l'industrie des Hétéens.	151
	APPENDICES...	161
I.	Les inscriptions de Hamath...	163
II.	Le nom de Kar-Kemish...	175
III.	La glyptique hétéenne...	185
IV.	Une nouvelle inscription...	193
	Index alphabétique...	201

Rouen. — Imp. de E. CAGNIARD, rue Jeanne-d'Arc, 88

www.ingramcontent.com/pod-product-compliance
Lightning Source LLC
Chambersburg PA
CBHW051914160426
43198CB00012B/1884